Doris Keller

Das Produkt

Doris Keller

Das Produkt

Ein Roman über die sieben Todsünden des Marketing – und wie es besser geht

HANSER

Das Gewinnspiel zum Buch:
www.businessroman.de

Bibliografische Information Der Deutschen Bibliothek
Die Deutsche Bibliothek verzeichnet diese Publikation in der Deutschen Nationalbibliografie; detaillierte bibliografische Daten sind im Internet über http://dnb.ddb.de abrufbar.

Internet: http://www.hanser.de
Lektorat: Martin Janik
Technisches Lektorat: Lisa Hoffmann-Bäuml
Herstellung: Ursula Barche
Umschlaggestaltung: Peter-Andreas Hassiepen, München,
unter Verwendung einer Fotografie von Philip Lee Harvey / Getty Images

Druck und Bindung: Kösel, Kempten
Printed in Germany

ISBN 3-446-22254-5

Dank

Erfolgreiches Marketing ist immer Teamarbeit. Es ist das Ergebnis eines systematischen, fortdauernden Prozesses, eines gegenseitigen Austauschs, eines stetigen Lernens und Umdenkens und nicht zuletzt einer unstillbaren Neugier auf Märkte und die Menschen darin. Deshalb ist die Beschäftigung mit Marketing so spannend und abwechslungsreich.

Auch an diesem Buch waren viele Menschen beteiligt, die mich angeregt, herausgefordert, begleitet und ermuntert haben und die mit mir leidenschaftlich gestritten und gerungen haben. Ihnen allen gilt mein herzlicher und aufrichtiger Dank, denn ohne sie wäre das Buch in der vorliegenden Form nicht entstanden.

Dies gilt vor allem für Carola Kupfer und Joachim Kurz, scriptorium, die mich bei der Ideenentwicklung und bei der Textarbeit unterstützt haben. Durch ihre Anregungen und ihr Engagement ist es gelungen, das Thema Marketing auf eine – wie ich hoffe – ungewöhnliche, spannende und unterhaltsame Weise darzustellen.

Ebenfalls danken möchte ich Martin Janik aus dem Carl Hanser Verlag für die spontane Initiative und Offenheit, einen neuen Weg der Wissensvermittlung zu gehen.

Und ein weiteres Dankeschön geht an meine Kunden für das Vertrauen, das sie mir in all den Jahren geschenkt haben. Ihre Fragen und Aufgaben haben immer wieder bewiesen, dass Erfolg im Marketing nicht allein von gekonnter Umsetzung der Theorie, sondern auch von Kreativität, gesundem Menschenverstand und Mut gekennzeichnet ist.

Heidelberg, im Februar 2003 *Doris Keller*

Inhalt

Das Meeting

Mit einem lauten und klatschenden Geräusch schob sich der Fleck zwischen zweiundzwanzig Augenpaare im Sitzungsraum der Vorstandsetage und die grandiose Aussicht auf die Skyline von Denver. Grünlich schwarz und von weißen Schlieren durchzogen begann das Exkrement die Fensterfront hinabzulaufen und hinterließ dabei ein trübes Geschmiere in der strahlenden Märzsonne und ein ungutes Gefühl bei den Anwesenden.

Schweigend und gebannt verfolgten sie das erstaunliche Geschehen. Wie ein Peitschenknall war der Vogelschiss in die plötzliche Stille des Jahres-Meetings der Verkaufsleiter geplatzt, wo soeben die unerhörten Worte gefallen waren: »Die Umsatzzahlen in Deutschland, Österreich und der Schweiz waren im vergangenen Jahr leider rückläufig.

So etwas hatte es noch nie gegeben: In der Colorado-Metropole entleerten sich Vögel normalerweise genauso wenig mit derartiger Vehemenz, wie schlechte Zahlen über den langen Besprechungstisch flogen. Es war eindeutig: Die spontane Darmentleerung des unbekannten Gefieders hatte ein neues Zeitalter in der Firmengeschichte von BodyTop Inc., dem weltweit führenden Hersteller von Fitnessgeräten aller Art, eingeläutet.

»Oh shit.« Die treffenden Worte entfuhren einem der Sitzungsteilnehmer spontan und unkontrolliert. Doch nach einer kurzen Schrecksekunde verwandelte sich das zunächst nervöse Gekicher in brüllendes Gelächter. Wo noch vor wenigen Augenblicken elf Männer mittleren Alters steif, aufrecht und regungslos verharrten, ließen sich nun einige von ihnen wiehernd in die tiefen Lehnen ihrer Ledersessel fallen, während sich andere vor Vergnügen auf die Schenkel klopften. Was für ein Witz, welch ein Bild, einfach grandios.

John K. Rodman lachte nicht. Der CEO von BodyTop Inc. musterte seine ungewohnt ausgelassenen Mitarbeiter mit steinerner Miene. Seine ohnehin schmalen Lippen waren fest aufeinander gepresst und auf der Stirn erschien eine steile Falte, die von der Nasenwurzel fast bis zum Haaransatz hinaufführte. Er thronte am Kopfende des riesigen Stahltisches mit den eingelassenen Marmorplatten und machte keinerlei Anstalten, sich vom Gelächter der anderen anstecken zu lassen. Natürlich hatte er das Intermezzo am Panoramafenster ebenfalls registriert – schließlich war es weder zu überhören, noch zu übersehen. Und auch ihm war der doppelte Wortwitz seines Mitarbeiters keinesfalls entgangen. Doch zum Lachen war ihm nicht zumute. Die Hinterlassenschaft am Fenster war für ihn ein Scheißdreck gegen das, was er eben aus dem Mund Peter Greenfields, einem seiner fähigsten Verkaufsleiter und verantwortlich für den deutschsprachigen Raum, gehört hatte. Ungeduldig begann Rodman, mit den Fingern seiner rechten Hand auf den Tisch zu trommeln.

Die allgemeine Heiterkeit ebbte genauso plötzlich ab, wie sie entstanden war. Der eine oder andere räusperte sich noch verlegen und wischte sich verstohlen die Lachtränen weg; dann aber wandten sich die Sitzungsteilnehmer wieder in gewohnter Aufmerksamkeit und angemessener Haltung ihrem Boss zu. Dieser blickte noch immer schweigend in die Runde, lediglich das rhythmische Klopfen seiner Finger war nun in der angespannten Stille zu hören.

Rodman war für seine cholerischen Ausbrüche berüchtigt und sein Blick verhieß nichts Gutes. Unwillkürlich zogen die bedauernswerten Mitarbeiter unmittelbar zu seiner Rechten und Linken ein wenig die Köpfe ein, andere hielten ängstlich die Luft an. Doch nichts geschah – das heißt, fast nichts. Denn durch die Stille war plötzlich ganz deutlich das durchdringend tönende Anschlagen und Kreischen der Kuckucksuhr zu hören, die in Rodmans Büro nebenan lautstark verkündete, dass es bereits elf Uhr war. Nun erschien im eben noch so strengen Gesicht des CEO der Ansatz eines feinen Lächelns. Rodman hatte ein ausgesprochenes Faible für seine Original Schwarzwälder Uhr, die er vor einigen Jahren von einer gemeinsamen Europareise mit seiner Frau mitgebracht hatte. Seither zierte das reichlich kitschige Objekt im charakteristischen Holzhäuschen die ansonsten eher karge Wand hinter Rodmans imposantem Schreibtisch. Flankiert von alten Anteilscheinen der Southwest Company, der amerikanischen Flagge und dem Original-Stetson eines berühmten Rodeoreiters erinnerte die Uhr stündlich die gesamte Vorstandsetage daran, dass sich über Geschmack bekanntlich nicht streiten lässt.

Peter Greenfield verzog das Gesicht. Ausgerechnet jetzt – die Kuckucksuhr hatte er während seiner langen Abwesenheit total vergessen. Ob Rodman sein

Souvenir immer noch so liebevoll betrachten würde, nachdem er die neuesten Verkaufszahlen aus Deutschland gehört hatte? Der gut aussehende Verkaufsleiter war sich da nicht so sicher.

Mittlerweile hatte der Kuckuck mit hektischem Ruf sein Stundenwerk erledigt und sich mit knarrendem Geräusch wieder ins Innere des Schwarzwaldhäuschens zurückgezogen. Rodman räusperte sich und atmete einmal tief durch. Er ließ seinen Blick noch einmal über die Köpfe der Anwesenden schweifen und wandte sich dann mit deutlich entspannterer Miene Greenfield zu. »Peter, Sie Witzbold. Ich weiß Ihren Humor ja zu schätzen, sure, aber noch sollten wir vielleicht bei der Sache bleiben. Also: Erzählen Sie uns von Ihren Erfolgen in Good Old Europe!« Zufrieden lehnte er sich zurück und grinste seinen Verkaufsleiter für den deutschsprachigen Raum verschwörerisch an.

Peter Greenfield begann unruhig auf seinem Stuhl hin und her zu rutschen. Er wollte etwas sagen, griff dann jedoch entschlossen in den Papierstapel, den er vor sich aufgetürmt hatte. Mit einer energischen Handbewegung schob Greenfield ein umfangreiches Booklet zielsicher quer über den Tisch, so dass es unmittelbar vor Rodman liegen blieb. Die anderen Exemplare reichte er seinen neun Kollegen weiter, bis jeder die Auswertungen vor sich liegen hatte. Dann erhob er sich und wiederholte das Unerhörte noch einmal: »Die Umsatzzahlen in Deutschland, Österreich und der Schweiz waren im vergangenen Jahr leider rückläufig.«

»Wie ist das möglich?« Rodman hatte seine Frage beinahe gebellt. Auf beide Hände aufgestützt beugte er sich über den Tisch und starrte Greenfield forschend an. Dann fing er an, hektisch in dem Booklet zu blättern. »Los, los, Peter, was ist mit den Zahlen? Nun legen Sie die Karten schon auf den Tisch!«

Peter Greenfield begann erst ein wenig stockend, nach kurzer Zeit jedoch in gewohnt souveräner Weise über die Geschäftsentwicklung von BodyTop in Deutschland, Österreich und der Schweiz zu berichten. Zunächst fasste er dabei die Entwicklung der vergangenen drei Jahre zusammen – eine einzigartige Erfolgsstory für das Unternehmen. Denn die amerikanischen Produkte standen vor allem in Deutschland hoch im Kurs: Was aus den USA kam, galt jenseits des Atlantiks automatisch als trendy, innovativ und stets als Höhepunkt modernster Forschung und Entwicklung. Gerade das jüngere Publikum griff dankbar jede noch so kleine Neuentwicklung aus dem Hause BodyTop auf und sorgte so dafür, dass viele der führenden Fitness-Center mittlerweile zu einem Großteil auf die amerikanischen Produkte setzten. Und da der Fitness-Boom der letzten Jahre nach wie vor anhielt, gab der Markt immer noch viel her.

Greenfield unterbrach seine Ausführungen für einen kurzen Moment und griff nach seinen vorbereiteten Unterlagen. Das blanke Entsetzen, das sich während seiner Bekanntgabe des Umsatzrückgangs in den Gesichtern seiner Kollegen widergespiegelt hatte, war nach diesen einleitenden Worten einem allgemeinen zufriedenen Nicken gewichen. Auch Rodman schürzte anerkennend die Lippen – schließlich konnte er sich die unaufhaltsame Expansion des Konzerns zu einem Großteil auf seine Fahne schreiben. Als ausgebuffter Marketingexperte war er es gewesen, der von Anfang an erkannt hatte, dass amerikanische Fitnessgeräte schon allein aufgrund ihrer Herkunft beste Marktchancen hatten – und zwar vor allem im deutschsprachigen Raum. Woran diese Entwicklung genau lag, konnte auch keiner seiner Marketingfachleute hundertprozentig sagen. Die einen schoben diese pro-amerikanische Einstellung auf die Tatsache, dass noch viele US-Soldaten mit ihren Familien in Deutschland stationiert waren und dort unweigerlich den »American Way of Life« vorlebten. Andere – und ihnen gab Rodman insgeheim den Vorzug – vermuteten eher, dass das traditionell große deutsche Interesse an Kraftsportarten wie Ringen, Boxen, Gewichtheben oder auch Schwimmen die Umsätze im Fitnessbereich spürbar ankurbelte. Doch ganz gleich, warum – seine Marketingstrategie war ohne Zweifel aufgegangen, und zwar weltweit.

Das Konzept, das er dazu gemeinsam mit den Experten im Haus erarbeitet hatte, trug schon nach kurzer Zeit Früchte. Dabei war es nicht einmal besonders kompliziert. Streng genommen ließ es sich sogar in wenigen Worten darstellen: Fitnessgeräte made by BodyTop waren nicht nur brandneu und auf dem höchsten Stand der Technik, sondern wurden von berühmten amerikanischen Sportlern, Schauspielern und sogar Topmanagern empfohlen. Hinzu kam ein ausgesprochen auffälliges und modisches Design, das sich ganz klar von den Produkten anderer Hersteller abhob. Das schlagende Verkaufsargument war jedoch die Innovation: Als die Konkurrenz noch über ultimative Fahrradergometer nachdachte, warf BodyTop bereits seine Spinning-Serie auf den Markt; und während in den meisten Fitness-Centern noch Aerobic und Stretching auf dem Programm standen, brachten die Verkäufer aus den USA die ersten Step-Aerobic-Utensilien über den großen Teich. Rodman konnte wirklich zufrieden sein: Die Zusammenarbeit der Forschungs- und Entwicklungsabteilung mit dem Marketing funktionierte bei BodyTop reibungslos und vor allem hoch effizient.

Während Greenfield in seinen Ausführungen über den deutschsprachigen Markt gerade dazu überging, die Besonderheiten der österreichischen und schweizerischen Abnehmer gegenüber den deutschen Kunden zu erläutern, nutzte Rodman die Gelegenheit, seinen bislang erfolgreichsten Verkaufsleiter ausgiebig zu mustern.

Von Anfang an empfand er für Greenfield eine fast schon väterliche Zuneigung. Irgendwie verkörperte dieser Mittvierziger all die Werte, die ihm selbst so wichtig waren: Ehrlichkeit, Geradlinigkeit und Ehrgeiz, dabei stets bereit, Veränderungen nicht nur zu akzeptieren, sondern sie auch aktiv voranzutreiben. Für seine Aufgabe bei BodyTop war Greenfield die Idealbesetzung: Durch seine deutsche Mutter waren ihm die deutsche Sprache, Land und Leute in gewisser Hinsicht vertraut, dank seines amerikanischen Vaters lebte die Familie jedoch seit seinem achten Lebensjahr vorwiegend in Colorado. Im Übrigen sah er aus wie der Inbegriff des erfolgreichen Amerikaners: Er war groß, kräftig und wirkte ausgesprochen gesund und optimistisch. Seine blonden Haare trug er mittelkurz, das Gesicht war stets braun gebrannt und meist von einem offenen und breiten Lächeln überzogen. Trotz aller europäischen Dresscodes bevorzugte er kerniges Schuhzeug auch zu Anzügen – eine Marotte, die Rodman durchaus nachfühlen konnte. Außerdem war er ein hervorragender Reiter und schon deshalb ein gern gesehener Gast auf Rodmans Ranch, die eine halbe Stunde von Denver entfernt lag.

Rodman war sich ganz sicher: Selbst wenn Greenfield nun wirklich schlechte Zahlen in die Zentrale brachte, wäre das zwar sehr ärgerlich und musste schleunigst behoben werden – dennoch würde sein amerikanisch-deutscher Verkaufsleiter dadurch eher angespornt, die Scharte wieder auszuwetzen. Und das schätzte der CEO an ihm.

Mittlerweile war Peter Greenfield bei den aktuellen Umsatzzahlen angekommen. Das Ergebnis war vor allem für den rein deutschen Markt niederschmetternd: Keine Spur mehr vom gewohnten ungebremsten Wachstum – im Gegenteil: Die Zahlen waren eindeutig rückläufig, teilweise sogar im zweistelligen Prozentbereich.

Ungläubiges Staunen machte sich im Raum breit. Wie war das möglich? Hatte Peter sich verrechnet und alles war ein Versehen? Hatte er vielleicht irgendein Detail nicht berücksichtigt? Oder stimmte das politische Klima plötzlich nicht mehr? So etwas konnte schnell passieren, das hatte man vor einigen Jahren in Argentinien erlebt.

Aufgeregt blätterten die Verkaufsleiter der anderen Vertriebsgebiete in dem Booklet, das Greenfield ihnen zur Verfügung gestellt hatte. Immer wieder fragten sie einzelne Zahlen oder Grafiken ab, wollten oder konnten die Ergebnisse nicht glauben. Schließlich hatten sie alle – ganz gleich, ob im asiatischen, im südamerikanischen oder im südeuropäischen Raum – erhebliche Umsatzsteigerungen vermeldet. Und nun sollte ausgerechnet der bislang erfolgreichste Verkaufsleiter des Konzerns miserable Zahlen vorlegen? Ratlos verstummten sie einer nach dem anderen und richteten ihren Blick gespannt auf Rodman.

Auch der erfolgsverwöhnte CEO konnte es nicht fassen. Einen derartigen Umsatzeinbruch hatte es in der Firmengeschichte von BodyTop noch nie gegeben. Was steckte dahinter?

»Wieland. Paul Wieland.« Greenfields Antwort kam prompt und mit fester Stimme. Akzentfrei sprach er den deutschen Namen aus, während sich ihm alle Augenpaare fragend zuwandten. Wer in aller Welt war Paul Wieland?

Mit dröhnendem Gelächter ergriff Rodman das Wort. Paul Wieland? Den hatte er vor vielen Jahren bei einer großen internationalen Sportveranstaltung im Stuttgarter Raum persönlich kennen gelernt, als bedeutende Wirtschaftsgrößen zu einem Meinungsaustausch mit Politikern geladen waren. Damals erschien ihm Wieland – den er übrigens als Mensch durchaus schätzte – wie der Inbegriff des deutschen Mittelständlers: ein wenig kleinkariert, sehr sparsam, sicherlich fleißig und vor allem keinesfalls innovativ und übermäßig erfolgreich. Wieland war Inhaber einer traditionellen Fahrradmanufaktur in fünfter Generation und gehörte offensichtlich zum Kreis der süddeutschen Vorzeige-Unternehmer. Dieser sympathische, aber aus global-wirtschaftlicher Sicht völlig unbedeutende Schwabe sollte nun an den Grundfesten von BodyTop rütteln? Rodman rieb sich vor Vergnügen die Hände: »Greenfield, Sie haben wirklich einen seltsamen Sinn für Humor.«

Nun lachten auch die anderen – mit Ausnahme von Greenfield, der sich langsam und bedächtig wieder in seinen Sitzungssessel niederließ. Ohne die Spur eines Lächelns im Gesicht wartete er ab, bis die allgemeine Heiterkeit verebbt war. Dann strich er nachdenklich über sein Kinn, suchte den Blick von Rodman, schüttelte den Kopf und sagte: »Den meinte ich nicht, John. Nicht den alten Paul Wieland, der ist vor einigen Jahren gestorben. Ich rede vom

Junior. Paul Wieland junior. Dem Geschäftsführer der Wieland Fahrradmanufaktur in Nagold.«

Ungläubig schüttelte Rodman den Kopf. Der Sohn vom alten Wieland war verantwortlich für die schlechten Zahlen von BodyTop?

In kurzen Zügen schilderte Greenfield, was er über den jungen deutschen Unternehmer wusste, der nach dem plötzlichen Tod seines Vaters vor einigen Jahren das Traditionsunternehmen übernommen hatte. Greenfield war ihm im vergangenen Jahr während eines Kongresses in der Sauna eines österreichischen Sporthotels begegnet und hatte mit ihm sehr interessante Gespräche über Extremsport, Deutschland und Skifahren in den Rocky Mountains geführt. Damals war Greenfield sehr erstaunt gewesen, als ihm klar wurde, dass der junge Sportler, der hier gemeinsam mit ihm in der Sauna schwitzte, mit Anfang dreißig der Geschäftsführer der Wieland Fahrradmanufaktur war.

»Wie bitte? Wieland ist erst 34 Jahre alt? Und schon so erfolgreich? Donnerwetter.« Anerkennend pfiff Rodman durch die Lippen. Dann verdüsterte sich seine Miene wieder. Mit blitzenden Augen wandte er sich erneut Greenfield zu: »Und wie ist es möglich, Peter, dass so ein Greenhorn uns, den weltweiten Marktführer, derart vorführt?« Seine schneidend laute Stimme schien im Raum sekundenlang nachzuhallen. Alle Blicke waren erwartungsvoll auf Greenfield gerichtet.

*

Unterdessen verließ im fernen Schwarzwald ein junger Mann sein Büro. Ehe er die Lichter löschte, warf er noch einen Blick auf die überdimensionale Wanduhr mit dem leuchtenden Coca-Cola-Schriftzug, ein heiß geliebtes Mitbringsel, das er während seiner Studienzeit in den USA erworben hatte. Es war kurz nach einundzwanzig Uhr, Zeit für den verdienten Feierabend. Wie so oft war er der Letzte, der das Betriebsgelände verließ – sah man einmal vom Pförtner und dem Wachdienst ab. Es war ein langer und anstrengender Arbeitstag gewesen; immer wieder hatte er seufzend aus dem Fenster geblickt und die malerisch verschneiten Schwarzwaldhänge in der ersten Märzsonne bewundert. Viel zu wenig konnte er zur Zeit die Schönheit der Natur genießen – es wartete einfach zu viel Arbeit auf ihn. Doch der Erfolg der letzten Jahre hatte ihm Recht gegeben: Unter seiner Leitung war der kleine schwäbische Betrieb seines Vaters und seiner Großväter langsam aber sicher zu einem Unternehmen geworden, das auch international an Bedeutung gewann. Er wusste, dass ihm das niemand so recht zugetraut hatte – doch mittlerweile bewegte er sich selbstbewusst auf dem internationalen Fitness-Markt.

Während Paul Wieland die Treppen aus dem ersten Stock hinabstieg, das Gebäude durch den Haupteingang verließ und mit zügigem Schritt zu seinem Auto stapfte, dachte er an die übermächtige Konkurrenz aus den USA. Ob BodyTop mittlerweile spürte, dass sich etwas auf dem deutschen Markt verändert hatte? Oder bemerkten die reichen Amerikaner es vielleicht gar nicht, wenn ihnen ein paar Aufträge in Deutschland flöten gingen? Umso besser. Fröhlich pfeifend stieg Wieland in sein Auto, startete den Motor und verschwand in der Dunkelheit.

*

Zur gleichen Zeit war in der amerikanischen Konzernzentrale die Stimmung im Konferenzraum am Tiefpunkt angelangt. Greenfield hatte gerade in wenigen Sätzen die Geschichte der Wieland Fahrradmanufaktur skizziert und mit einer deutlich spürbaren Mischung aus Sorge und Anerkennung die Entwicklung vom kleinen schwäbischen Damenfahrrad-Hersteller zum ernsthaften Konkurrenten in der Fitnessgeräte-Branche dargestellt. Seine Grafiken und Auswertungen belegten es eindeutig: Das kleine Traditionsunternehmen aus dem Schwarzwald konnte im gleichen Maße zulegen, wie die Amerikaner an Marktanteilen verloren hatten – und damit hatten sie dem an sich übermächtigen Konkurrenten BodyTop erstaunlich zugesetzt. Irgendwie war es diesem unbedeutenden Unternehmen unter der Leitung Paul Wielands junior gelungen, in den letzten Jahren aus einem Nischenmarkt auf den allgemeinen Fitness-Trend aufzuspringen und hier ordentlich abzusahnen. Das war eine radikale Kehrtwende, mit der niemand gerechnet hatte – am wenigsten die Verantwortlichen bei BodyTop. Zwar standen die Amerikaner nach Marktanteilen in Deutschland immer noch ganz vorn, aber die Wachstumsraten der Schwarzwälder waren so enorm, dass sie sich anschickten, die Konkurrenten in Österreich, Deutschland und der Schweiz auf die Plätze zu verweisen.

Rodman horchte auf. Von welchen Konkurrenten sprach Greenfield? Gab es noch mehr beunruhigende News made in Germany? Doch in diesem Fall konnte Greenfield seinen Boss beruhigen. Die proSport AG, ein solides Münchner Unternehmen, hatte man seit Jahren im Blick. Die unbestrittene Nummer zwei in Europa konnte nie an die Erfolge der Amerikaner anknüpfen und würde sich nach Greenfields Einschätzung wohl auch in Zukunft mit der

Rolle der zweiten Geige zufrieden geben. Das Unternehmen galt in Fachkreisen zwar als Vorreiter in Sachen Technik, konnte jedoch nie bahnbrechende Produkte entwickeln, die trendy waren und begeisterten.

Trotz dieser an sich erfreulichen Prognose wurde Rodman immer ungehaltener. Die proSport AG war offenbar nicht das Problem, also musste man weiter über Wieland reden. Welche Pläne hatte er, wie sahen seine Ziele für die nächsten Jahre aus? Und wie konnte BodyTop eine weitere Expansion dieses Newcomers verhindern?

Gebannt verfolgten die anderen Vertriebsleiter das Verhör, das Greenfield in der folgenden Stunde über sich ergehen lassen musste. Der Boss war sichtlich gereizt, keiner wollte nun in der Haut des Kollegen stecken. Immer wieder unterbrach Rodman verärgert die Ausführungen seines Mitarbeiters. Greenfield bemühte sich, so gut es ging, Rede und Antwort zu stehen. Doch viel mehr wusste er nicht über das schwäbische Unternehmen zu berichten.

Rodman reagierte ungehalten auf die sich plötzlich auftuende Unkenntnis Greenfields zu vermeintlich wichtigen Details. Immerhin war die deutsche Firma plötzlich zur ernsthaften Bedrohung der eigenen Marktposition geworden – wieso wusste man zum Beispiel nichts über die Marketingausrichtung der Schwarzwälder? Denn im Marketing, das vermutete Rodman intuitiv, musste der Schlüssel zum Erfolg des jungen Wieland liegen.

Doch Greenfield war weder über die genauen Abnehmerkreise noch über eine umfassende Marketingstrategie informiert. Das Einzige, was er zu bieten hatte, war eine Anzeigenstrecke aus einem deutschsprachigen Fachmagazin. Darin warb die Wieland Fahrradmanufaktur auf ganzseitigen Testimonial-Anzeigen mit älteren Damen, jungen Müttern, einem verdreckten Fußballspieler, sich sonnenden Teenagern und jugendlichen Skateboardfahrern, die stets darauf hinwiesen, dass sie sich gut fühlen, weil sie in ihrer Freizeit Fitnesssport betrieben. Keines der Anzeigenmotive zeigte ein Produkt aus dem Schwarzwälder Unternehmen – und vom Ansatz her war die gesamte Imagekampagne ausgesprochen unamerikanisch, was Rodman sofort erkannte. Doch auf seine erneuten Nachfragen konnte Greenfield weder bestätigen noch verneinen, dass dies ein typisches Kennzeichen der Schwarzwälder Kommunikation war – immerhin machte Paul Wieland selbst einen ganz anderen Eindruck.

Der CEO geriet langsam in Rage. Wie oft hatte er seinen Leuten schon klar gemacht, dass marketingorientiertes Denken entscheidend für den Geschäftserfolg eines Unternehmens war! Und wie konnte es dann passieren, dass ausgerechnet sein fähigster Mitarbeiter bei diesem Thema nicht genau hingeschaut hatte? Wütend begann Rodman damit, die anwesenden Vertriebsleiter wie schlechte Schüler abzukanzeln, die ihre Hausaufgaben nicht gemacht haben. Innerhalb kurzer Zeit war er bei seinem Lieblingsthema angelangt: den vier »Ps« Product, Price, Place und Promotion. Seufzend ließen die Vertriebsleiter zum x-ten Mal die Definitionen über sich ergehen.

»Und deshalb sind wir weltweit so erfolgreich«, beendete der CEO einige Minuten später seinen Exkurs. »Unser Produkt stimmt, passt optimal in den europäischen Markt, der förmlich nach Importen aus den USA giert, es spricht junge und sportliche Menschen an – und aufgrund unserer weltweiten Absatzmärkte können wir in hohen Mengen produzieren und so bei den Preisen nachgeben. Das ist perfekte Produkt- und Preispolitik! Ja, das ist effektives Marketing!«

Sichtlich befriedigt über seine eigenen Worte lehnte Rodman sich in seinem Ledersessel zurück. Die anderen schwiegen, keiner wagte ihn zu unterbrechen. Längst war der Boss vom Thema abgekommen und dozierte nun über Sinn und Zweck von Marketingstrategien, die Überlegenheit der Amerikaner, wenn es um erfolgreiches Marketing ging – und offenbar fühlte er sich in der Rolle des Lehrers wohl. War Rodman erst einmal bei den Grundsätzen des Marketing angelangt, war er einfach nicht mehr zu bremsen.

»Marketing ist die bewusst marktorientierte Führung des gesamten Unternehmens! Und das bedeutet Planung, Koordination und Kontrolle, versteht Ihr, K-o-n-t-r-o-l-l-e, aller auf die aktuellen und potenziellen Märkte ausgerichteten Unternehmensaktivitäten. Und das, meine Herren«, Rodman musterte in einer Kunstpause jeden einzelnen der Anwesenden, »das gilt natürlich auch für die Beobachtung der Konkurrenz – ganz egal, wie klein sie ist!«

An dieser Stelle fasste sich Greenfield ein Herz und unterbrach den schwungvollen Vortrag seines Chefs. »Genau! Das ist das Stichwort, John. Wir müssen Wieland kontrollieren.« Beifallheischend schaute er in die Runde und fuhr dann fort, wobei ihm die heimliche Erleichterung seiner Kollegen nicht entging. »Wir müssen wissen, was er vorhat. Denn immerhin steht nächstes Jahr EuroFit auf dem Programm!«

»EuroFit?« Rodman fragte verblüfft nach. »Und was hat Wieland mit EuroFit zu tun?« EuroFit war eine große Schweizer Fitness-Studio-Kette, die für das kommende Geschäftsjahr die gesamte Neuausstattung ihrer Filialen in

Deutschland, Österreich und der Schweiz ausgeschrieben hatte. Die Geschäftsführung um Gregory C. Hürliman stellte große Erwartungen an den Wettbewerb. Und Hürliman stellte zudem in Aussicht, dass bei entsprechendem Erfolg im deutschsprachigen Raum über kurz oder lang alle Filialen in Europa neu ausgestattet werden sollten. Wer sich also diesen Auftrag sicherte, würde auf einen Schlag die unumstrittene Nummer eins auf dem alten Kontinent sein. Kaum zu glauben, dass die Schwarzwälder bei einem derart umfangreichen Geschäft mitpokern durften.

Doch Greenfield belehrte ihn eines Besseren. Bei seinem letzten Treffen mit dem amerikanischstämmigen Schweizer in Zürich hatte er unter der Hand zu seinem größten Erstaunen erfahren, dass neben BodyTop und der proSport AG – was zu erwarten war – auch die Wieland Fahrradmanufaktur eingeladen werden würde, ihre Produkte und ein neues Konzept vorzustellen. Und von daher bestand in der Tat dringender Handlungsbedarf, wollte man bei diesem Großauftrag nicht das Nachsehen haben.

Fassungslos schüttelte Rodman den Kopf. War das nicht eine Nummer zu groß für die Schwarzwälder? Andererseits belegten die Zahlen eindeutig, dass der kleine Betrieb alle Signale auf Wachstum und Expansion gestellt hatte. Irgendwie mussten es diese Deutschen geschafft haben, einen Weg zu finden, der sie erfolgreich an den mächtigen Konkurrenten vorbeimanövrierte. An den Produkten selbst konnte es nicht liegen – jeder neue Trend kam aus den USA – gerade im Fitnessbereich. Preislich konnten die Schwarzwälder garantiert auch nicht mithalten, bei den Stückzahlen, die bei BodyTop produziert wurden. Vielleicht nutzen sie ihren Standortvorteil als deutsches Unternehmen – aber wieso machte dann die renommierte proSport AG aus München nicht auch viel mehr Gewinn? Also musste es am gekonnt geplanten Mix der Marketingmaßnahmen liegen, da war Rodman sich ganz sicher.

Seine Neugier war geweckt. Mit seinem berühmten Riecher für unternehmerischen Erfolg hatte er schon manche harte Nuss geknackt. Er würde sich diesen Paul Wieland vornehmen. Das wäre doch gelacht, wenn ihm ausgerechnet ein Unternehmen aus dem Schwarzwald in die Quere käme. Rodman dachte kurz an seine Kuckucksuhr, die in der Zwischenzeit noch zweimal angeschlagen hatte. Ärgerlich, dass dieser Provinzler ihm die Zahlen versaut hatte. Doch nun gab es etwas Konkretes zu tun – und das motivierte ihn. Er wollte so schnell wie möglich in Erfahrung bringen, welche Marketingstrategie hinter Wieland stand. Er würde jedes kleinste Detail herausfinden, diesen

Deutschen und seinen Betrieb quasi durchleuchten. Und wenn er dann ein vollständiges Bild von Wieland, seinen Aktivitäten und Zielen hatte, würde er zum Gegenschlag ausholen. Vielleicht sollte man ihn sogar mit seinen eigenen Waffen schlagen, warum nicht?

Augenblicklich besserte sich Rodmans Laune. Jetzt mussten sie nur noch einen Erfolg versprechenden Weg finden, um an die gewünschten Informationen heranzukommen. Einen Weg, der einerseits unauffällig, andererseits besonders effizient war. Und bezahlbar musste er natürlich auch sein. Der CEO wandte sich an seine Vertriebsleiter: Wer hatte eine gute Idee?

Es folgte eine ausführliche und teilweise hektische Debatte darüber, wie man bei BodyTop die Geheimnisse des kleinen deutschen Betriebes aufspüren könnte. Juristisch problematische Vorschläge, wie zum Beispiel die gezielte Bestechung einzelner Mitarbeiter, wies Rodman sofort zurück. Schmiergelder lehnte er schon immer ab, zumal sie nicht seinen Vorstellungen von Fair Play entsprachen. Schließlich handelte es sich hier nicht um politische Machenschaften, sondern um eine Art Wettkampf zwischen zwei ganz unterschiedlichen Unternehmen. Zudem war der Imageverlust für die Amerikaner nicht auszudenken, wenn solche Machenschaften aufflogen. Nein, das war sicherlich nicht der richtige Weg.

Mit dem Einsatz einer Wirtschaftsdetektei, einem im Prinzip sinnvollen Vorschlag des Vertriebsleiters für Großbritannien und den skandinavischen Raum, konnte Rodman sich jedoch ebenfalls nicht anfreunden. Vor einigen Jahren hatte er in einem speziellen Fall auf die Hilfe eines solchen Dienstleisters gesetzt – und ausgesprochen schlechte Erfahrungen gemacht. Die Schnüffler kannten sich weder besonders gut aus, noch waren sie in der Lage, ihre Aufgabe im Sinne des Auftraggebers zu lösen. Außerdem waren Wirtschaftsdetekteien viel zu teuer; mit Schaudern erinnerte er sich an die Abschlussrechnung und den daraus resultierenden Rechtsstreit. Nein, das durfte auf keinen Fall noch einmal passieren. Rodman verwarf auch diese Idee.

Man einigte sich schließlich auf den Einsatz eines kompetenten Wirtschaftsspions, der das Erfolgsgeheimnis des Schwarzwälder Unternehmens ergründen sollte. Er sollte unauffällig in den Betrieb eingeschleust werden und der amerikanischen Zentrale regelmäßig Bericht erstatten. Doch wer sollte diesen schwierigen Job übernehmen?

Greenfield kam natürlich nicht infrage, was ihn insgeheim aufatmen ließ, da er in der Branche viel zu bekannt war. Andererseits sollte die Person gut

Deutsch sprechen, unbedingt loyal sein und zudem ein ehrliches Interesse an der Arbeit in dem deutschen Unternehmen haben. Denn je mehr sich der Spion mit seiner neuen Arbeitsstelle identifizierte, desto größer würde das Verständnis sein, das er für die Wieland Fahrradmanufaktur entwickelte. Vielleicht würde man sogar jemanden finden, der Spaß daran hatte, einige Monate in der deutschen Provinz zu arbeiten. So recht konnte sich das allerdings keiner vorstellen. Ratlos blickten sich die Verkaufsleiter an.

Doch plötzlich erhellte ein breites Lächeln das eben noch nachdenklich verzogene Gesicht Rodmans. Strahlend richtete er sich auf und grinste in die Runde. »Ich glaube, ich weiß, wer unsere Person ist.«

Auf die fragenden Blicke der anderen antwortete er kopfschüttelnd: »Nein, nein, meine Herren, mehr verrate ich Ihnen nicht! Ein guter Spion hat doch keinen Namen ...«

Daraufhin erhob er sich. Das Grinsen war aus seinem Gesicht verschwunden. Ernst und mit kaltem Blick schaute er auf die Köpfe der Versammelten hinunter. Dann polterte er los: »Und Sie, meine Herren, setzen sich gefälligst auf Ihren Arsch und überlegen sich, wie wir EuroFit knacken!«

*

Was ist Marketing?

Marketing ist ein **ganzheitlicher, effektiver Ansatz der Unternehmensführung mit ziel- und zielgruppenorientierter Ausrichtung des Unternehmens auf den Markt**. Im Mittelpunkt aller unternehmerischen Anstrengungen steht der Kunde mit seinen Wünschen und Erwartungen.

Begonnen hat es damit, dass sich nach Ende des Zweiten Weltkriegs ein langsamer Wandel vom Verkäufer- zum Käufermarkt vollzogen hat und damit den wichtigsten Impuls für den Siegeszug des Marketing in Deutschland gab. Waren die Märkte zuvor noch dadurch gekennzeichnet, dass die Nachfrage größer war als das Angebot, so begann sich dieses Verhältnis in den fünfziger Jahren umzukehren. Im neu entstehenden Käufermarkt hatte der Konsument mehr und mehr die Wahlmöglichkeit zwischen vielen verschiedenen Produkten und die Märkte erwiesen sich als zunehmend gesättigt.

Das stellte die Unternehmen vor ganz neue Aufgaben, mussten sie sich doch auf die Probleme, Wünsche und Bedürfnisse ihrer Kunden einstellen und **„im Kopf des Kunden denken"** und **„im Herzen des Kunden fühlen"**. Eine neue Art der Unternehmensführung begann sich nun durchzusetzen, die **vom Markt her zum Markt hin** operierte. Die Zeit des rein produktionsorientierten Denkens war damit endgültig vorbei.

In den USA hatte sich dieser Wandel bereits wesentlich früher vollzogen und von dort kam die neue Art der marktorientierten Unternehmensführung, um auch in Europa Einfluss zu nehmen.

Durch detaillierte Marktforschung und gezielten Einsatz strategisch ausgefeilter Marketingmaßnahmen sollen Kundenwünsche befriedigt und Gewinne erzielt werden.

Wie sich Marketing auf eine schlüssige Formel bringen lässt, darüber gibt es auch heute noch Uneinigkeit zwischen verschiedenen wissenschaftlichen Ansätzen. Ganz und gar eindeutig sind hingegen die Grundcharakteristika des Marketing:

- die Bedürfnisbefriedigung aller Beteiligten,
- die bewusste Absatz- und Kundenorientierung aller Unternehmensbereiche,
- die zielorientierte und planvolle Ausrichtung aller Aktivitäten auf den Markt hin,
- die Anpassung der Unternehmensorganisation auf die Ziele der Aktivitäten,
- die systematische und kreative Marktsuche und Markterschließung,
- der Einsatz von Marketingforschungsinstrumenten,
- das systemorientierte Denken sowohl innerhalb des Marketingbereichs als auch im Unternehmen,
- die analytische Aufteilung des Marktes und der selektive Einsatz der einzelnen Aktivitäten.

Schwarzwälder Kirschtorte – oder wie man Todsünden auf die Spur kommt

Giovanna war sichtlich genervt. Sie hatte das Gefühl, bereits vor Stunden die Autobahn verlassen zu haben und durch endlose Wälder und Täler zu fahren. Was für eine blödsinnige Idee, bis Pforzheim auf der A 8 zu bleiben, um dann an dem Fluss entlangzufahren, der den gleichen Namen trug wie ihr Reiseziel: Nagold. »Bad Liebenzell, Hirsau und Calw, die Gegend dort musst Du Dir bei dieser Gelegenheit unbedingt anschauen«, hatte ihr ein Freund in Mailand wenige Tage vor ihrer Abreise empfohlen. Angeblich sollte sie dort Deutschland von einer seiner schönsten Seiten finden. Nichts ahnend war Giovanna darauf eingegangen und hatte diesen kleinen Ausflug in ihre Routenplanung integriert. Welch ein Fehler! Einmal abgesehen davon, dass es in Strömen regnete und dunkle Wolken die sicherlich sehr reizvolle Landschaft in ein tristes Grau hüllten, hatte sie auch den Zeitaufwand für die Strecke unterschätzt. So war sie mit ihrem kleinen Fiat Uno einfach an Bad Liebenzell vorbeigefahren, um dann mehr aus Pflichtgefühl bei Hirsau einen Abstecher zu den berühmten Klosterruinen zu machen.

Was sie dort vorfand, brachte ihr noch einmal schmerzhaft zu Bewusstsein, welches Ambiente sie mit einem Job im Schwarzwald verlieren würde: Nichts war zu spüren von der unerhörten Leichtigkeit und Alltäglichkeit, mit der man in Italien mit Geschichte und Traditionen umging. Alles erschien ihr schwer, getragen und irgendwie pädagogisch – und so verließ sie die aufgeweichten Kieswege und Rasenanlagen schnell wieder.

Im Auto hatte sie dann zu ihrem größten Entsetzen bemerkt, dass der Ausflug in die deutsche Sakralarchitekturgeschichte empfindliche Spuren auf ihrem feinen italienischen Schuhzeug hinterlassen hatte. Innerlich fluchend wischte sie Schlamm- und Grasreste mit einem Kleenex von den hohen Lederpumps und machte sich weiter auf den Weg nach Süden. An Calw war sie dann seelenruhig vorbeigefahren – von Sightseeing in der deutschen Provinz hatte sie genug. Und die Schwarzwälder Bäderstraße mochte bei Sonnenschein und blauem Himmel vielleicht ein nettes Ausflugsziel sein – als anregende Vorbereitung für ein unter Umständen wichtiges Bewerbungsgespräch ging sie Giovannas Meinung nach jedoch nicht durch. Nein, diesen Fehler würde sie nicht noch einmal machen – falls es sie überhaupt jemals wieder in die Gegend verschlagen sollte. Momentan war sie sich da jedenfalls nicht so sicher.

Hektisch schaltete sie einen Gang herunter, als sie sich nach einer scharfen Linkskurve unmittelbar hinter einem langsamen Lastwagen befand. Schon wieder. Sie seufzte und beschloss, für den Rest der Strecke auf waghalsige Überholmanöver zu verzichten – es brachte hier sowieso nichts. Sie blickte auf ihre Armbanduhr. Fünfzehn Uhr dreißig, noch eine halbe Stunde Zeit. Sie würde es wahrscheinlich gerade rechtzeitig schaffen. Die Deutschen wären stets pünktlich, hatte man sie frotzelnd vorgewarnt – eine Eigenschaft, die ihr eigentlich nicht besonders gut lag. Was sie wohl erwarten würde?

Während sie langsam und mittlerweile hinter einer ganzen Lkw-Kolonne die letzten Kilometer bis Nagold hinter sich brachte, dachte Giovanna noch einmal über die Ereignisse der letzten Wochen nach.

Sie war sehr überrascht gewesen, als sie eines Abends den Anruf aus den USA bekam. Ziemlich geheimnisvoll hatte es sich angehört, was man ihr anbot, aber auch sehr interessant. Man wollte, dass sie den Job wechselte, sozusagen zur Konkurrenz überlief – und zwar mit vollem Engagement. Sie sollte in die Welt ihres neuen Arbeitsplatzes richtig eintauchen, sie verstehen lernen, verinnerlichen.

Zuerst hatte sie skeptisch reagiert, nicht so recht begriffen, worauf das alles hinauslief. Dann hatte man ihr jedoch signalisiert, dass ihre Karriere im Hause BodyTop durch dieses vielleicht nur recht kurze Zwischenspiel deutlich angekurbelt werden würde. Und sie hatte verstanden, dass sie niemandem Schaden zufügen sollte, sondern nur ein wenig mehr Informationen als üblich an die Zentrale nach Denver weiterzugeben hätte.

Giovanna hatte daraufhin nicht mehr lange gezögert und spontan zugesagt – zumal sie sich gerade mehr schlecht als recht aus einer komplizierten Beziehung gelöst hatte und über den unerwarteten räumlichen Abstand ganz froh war.

Dann folgten zehn lange Tage, die mit Warten und einer echten Geduldsprobe für die temperamentvolle Norditalienerin verbunden waren. Denn natürlich konnte sie sich nicht einfach bei der Konkurrenz bewerben.

Ihr amerikanischer Boss hatte jedoch im Laufe seines Lebens gelernt, Fäden geschickt zu knüpfen und Beziehungen zu nutzen. Und so war sie regelrecht erleichtert, als sie knapp zwei Wochen später die Nachricht über einen deutschen Kontaktmann erhielt, sie möge sich doch für eine Stelle in der Marketingabteilung der Wieland Fahrradmanufaktur bewerben.

Giovanna war von Anfang an klar, warum man ausgerechnet sie dazu auserkoren hatte. Als Tochter einer Südtirolerin und eines Turiners war ihr neben dem Italienischen auch das Deutsche fast als Muttersprache vertraut. Die kleinen Fehler, die sich dennoch in Aussprache und Grammatik einschlichen, waren nicht der Rede wert und wurden allenfalls als besonders charmant belächelt. Außerdem hatte sie einen guten Posten in der Mailänder Filiale von BodyTop und sie hatte sich ihrer Meinung nach im Laufe der beiden vergangenen Jahre zu einer echten Marketingspezialistin in Sachen Fitness entwickelt.

Giovannas Bruder, der mittlerweile die väterliche Anwaltskanzlei in Mailand übernommen hatte, konnte sich über die berufliche Entwicklung seiner Schwester heute noch schieflachen. »Ausgerechnet Du, cara mia, die unsportlichste Schwester aller Zeiten, machst Karriere mit Fitnessgeräten – zum Brüllen«, pflegte er ihr zu jeder Gelegenheit unter die Nase zu reiben.

Giovanna lächelte vor sich hin, während sie geschickt einem toten Hasen auf dem nassen Asphalt auswich. Ihr Bruder hatte natürlich vollkommen Recht. Sport hatte sie immer gehasst. Und im Gegensatz zu vielen ihrer Freundinnen gehörte sie zu den glücklichen Ausnahmen, die nicht regelmäßig ins Fitness-Studio gehen mussten, um ihre Figur zu halten. Im Gegenteil: Mit ihren dreißig Jahren und einer Körpergröße von einem Meter zweiundsechzig war sie ausgesprochen zierlich und passte immer noch in Größe vierunddreißig. Und das eröffnete ihr natürlich ungeahnte Möglichkeiten in puncto Styling: Giovanna bevorzugte figurbetonende fließende Stoffe, meist in Schwarz. Leinen, Wolle und Kaschmir standen ganz oben auf ihrer Einkaufsliste, stets sehr elegant und fast nie sportiv. Flache, plumpe Schuhe konnte sie ebenso wenig leiden wie Strümpfe, so dass sie – wann immer es die Temperaturen oder Umgangsformen zuließen – barfüßig in ihren hochhackigen Pumps herumlief. Im Übrigen setzten ihre zumeist ausgefallenen High-Heels ihre schönen Beine hervorragend in Szene, ein Detail, das sie gern und bewusst betonte.

Mittlerweile hatte Giovanna ihren anthrazitfarbenen Fiat Uno mit dem dezenten Italienaufkleber unter der Heckscheibe an einer roten Ampel am Ortsrand von Nagold zum Stehen gebracht. Sie warf einen kurzen Blick auf den Beifahrersitz, wo die ausführliche Wegbeschreibung lag. Im Dämmerlicht des schlechten Wetters konnte sie nur mühsam erkennen, dass sie nur noch zweimal rechts abbiegen musste, um dann nach etwa einhundert Metern den Parkplatz der Wieland Fahrradmanufaktur zu erreichen.

Sie kniff die Augen zusammen und fragte sich in diesem Moment, ob sich ihre Kurzsichtigkeit schon wieder verschlechtert hatte. Sie war ohnehin bereits enorm kurzsichtig und mochte gar nicht daran denken, wohin das noch führen würde. Zwar hatte der Arzt ihr einmal versichert, dass sich das im Alter vermutlich geben würde – doch Giovanna lebte hier und heute und weigerte sich standhaft, mit einer Brille zu ihrem Augenproblem zu stehen. Von Anfang an benutzte sie Kontaktlinsen, die zudem – so empfand sie das zumindest – ihre großen und für eine Italienerin ungewöhnlich blauen Augen besonders gut hervorhoben.

Vorsichtig lenkte Giovanna ihren Kleinwagen nun durch die Einfahrt zum Gelände der Fahrradmanufaktur. Der Parkplatz war fast vollständig belegt. Suchend blickte sie sich um und entdeckte dann noch eine Lücke zwischen einem älteren Alfa Romeo Spider, der schon reichlich mitgenommen aussah und einem japanischen Auto, das ihr nichts sagte. Fünfzehn Uhr zweiundfünfzig – sie hatte es gerade noch geschafft.

Ehe sie ausstieg, zog sie noch einmal sorgfältig ihre Lippen in einem warmen Dunkelrot nach. So kam der eigenwillige Kontrast zwischen ihren schwarzen Haaren und der ungewöhnlich hellen Haut besonders gut zur Geltung. »Cinderella« wurde sie deshalb seit sie denken konnte von sämtlichen Familienmitgliedern genannt, was sie früher sehr gestört hatte, ihr heute aber nichts mehr ausmachte. Dann bürstete sie noch einmal zügig durch ihren leicht angestuften Bob, sprühte sich ein wenig Eau de Toilette an den Hals und öffnete energisch die Tür.

Während sie darauf achtete, mit ihren spitzen Pumps nicht sofort wieder in einer Pfütze zu landen, blickte sie seufzend an ihren Beinen hinunter. Dies war ein offizieller Termin – an den obligatorischen Strümpfen war sie heute nicht vorbeigekommen. Sie wusste, dass sie in ihrem mokkaschwarzen Kostüm mit dem knielangen Rock und einem dezent taillierten Blazer weiblich und elegant aussah und hoffte, den passenden Dresscode für das bevorstehende Gespräch gefunden zu haben. Giovanna griff nach ihrer Mappe, der zierlichen Handtasche und einem Regenschirm und machte sich auf den Weg zum Haupteingang des Gebäudes.

Erst jetzt nahm sie die Gelegenheit wahr, die Wieland Fahrradmanufaktur eingehend zu betrachten. Das dreistöckige Verwaltungsgebäude vor ihr war eine architektonisch merkwürdige Kombination aus alten Sandsteinfassaden mit verschiedenen Glasan- und -vorbauten. An Stahlseilen rankten blühende Grünpflanzen empor und gaben dem gesamten, alten Gebäudekomplex etwas Futuristisch-Ökologisches. Edelstahlgeländer vor Terrassen und raumhohen Fenstern rundeten das Bild ab, das so gar nicht zu der Vorstellung passen wollte, die Giovanna von einer alteingesessenen deutschen Fabrik in der Provinz hatte.

Entschlossen steuerte sie auf die breite Eingangstür zu.

»Guten Tag. Mein Name ist Giovanna Rossini und ich habe hier einen Vorstellungstermin in der Marketingabteilung.« Giovanna war zielstrebig durch das großzügige Foyer mit dem hellen Granitboden zum Empfang gegangen und hatte dem freundlich lächelnden Portier ihr Anliegen mit rauchiger Stimme vorgetragen. Der ältere Herr hatte die junge Frau bereits beim Aussteigen beobachtet und dabei einen anerkennenden Blick auf ihre schlanken Beine riskiert. Natürlich wusste Herbert Löhlein bereits, wen er vor sich hatte – Paul war am Morgen bei ihm gewesen und hatte den Besuch der Italienerin angekündigt. »Eine interessante Frau«, hatte er seinen Portier aufgeklärt, »die wird neue Power in unser Marketing bringen. So etwas brauchen wir hier jetzt. Engagiert, tough und erfahren.« Ob Paul wohl wusste, wie die junge Dame aussah? Der Portier musste sich das Grinsen verkneifen. Das könnte interessant werden.

»Wie richtig gute Schwarzwälder Kirschtorte«, schoss es Löhlein durch den Kopf, als er ihr nun zum ersten Mal aufmerksam ins Gesicht blickte und den ungewöhnlichen Kontrast zwischen der hellen Haut, den schwarzen Haaren und den dunkelroten Lippen wahrnahm. »Schwarzwälder Kirsch mit einem Aquamarin obenauf«, ergänzte er seine Gedanken, ehe er ihr verschmitzt zuzwinkerte. »Frau Rossini, sehr angenehm. Sie werden bereits erwartet. Einen Moment bitte.«

Mit ein paar flinken Handbewegungen verstellte er einige Tasten der gigantischen Telefonanlage, die beinahe seinen gesamten Arbeitsplatz einnahm.

Dann stand er auf, schob seinen Stuhl ordentlich zurecht und kam hinter dem Rezeptionspult hervor. »Wenn Sie mir bitte folgen möchten ...«

Für seine siebzig Jahre war Herbert Löhlein auffallend behände. Giovanna hatte zunächst Mühe, seinen Schritt zu halten, bis er ihr Dilemma bemerkte und etwas langsamer wurde. Sie liefen einen langen Gang entlang, an dessen hinterem Ende sich der Aufgang in den ersten Stock befand. Oben angekommen klopfte der Portier an eine alte Holztür, steckte den Kopf durch den nur wenig geöffneten Türspalt, redete mit irgendwem einige Worte und wandte sich dann wieder Giovanna zu. »Einen Moment bitte noch, Frau Rossini. Sie möchten bitte schon im Besprechungsraum Platz nehmen. Frau Kirchner wird Ihnen sofort etwas zu trinken bringen.«

Ehe Giovanna höflich antworten konnte, hatte der Portier bereits eine weitere Tür geöffnet und sie in den Raum geführt. Giovanna entfuhr ein spontanes »Mamma mia«. Der Blick war einfach atemberaubend. Eine breite Fensterfront erlaubte die freie Sicht auf die üppig begrünten Schwarzwaldhänge in der Umgebung, so dass man das Gefühl hatte, mitten in der Natur zu stehen. Nicht einmal der Regen beeinträchtigte diesen Eindruck. Giovanna vermutete, dass sie sich in einem der Glasanbauten befand, die ihr bereits aufgefallen waren.

Mit ein paar Schritten ging sie auf die Fensterfront zu und schaute hinaus. Unten auf dem Parkplatz konnte sie ihr Auto erkennen. Linker Hand sah sie nun einen Teil der Fabrikhalle, der ihr bislang nicht aufgefallen war.

»Ja, dort unten werden sie produziert, unsere Geräte.« Als hätte er ihre Gedanken lesen können, hatte Löhlein ihre Überlegung bestätigt. »Und über uns, in dem Dachgeschoss mit den vielen Gauben, da sitzt unsere Entwicklungsabteilung.«

Interessiert drehte Giovanna sich um und musterte den Portier. »Und was findet in dieser Etage statt?« Wieder fiel ihm ihre ungewöhnlich tiefe und fast schon erotische Stimme auf. Was für eine Frau. Welch ein Lächeln. Und diese Beine ...

Löhlein rief sich innerlich zur Ordnung und bemühte sich, Haltung zu bewahren. »Hier im ersten Stock hat der Chef sein Büro. Und die Buchhaltung. Und das Marketing natürlich.« Bei seinen letzten Worten hatte der Portier bereits einige Schritte zurück gemacht und stand nun wieder an der Tür. »Wir sehen uns sicherlich noch, Frau Rossini. Und« – er zwinkerte ihr fröhlich zu – »viel Glück noch!« Dann war er hinter der Tür verschwunden.

Giovanna blickte sich unschlüssig um. Wohin sollte sie sich setzen? Acht Stühle standen um einen langen rechteckigen Glastisch herum, acht völlig verschiedene Holzstühle. Unwillkürlich schüttelte sie den Kopf. Diese Kombination hatte sie noch nie zuvor gesehen. Die Stühle waren echte Antiquitäten, das erkannte man auf den ersten Blick. Und der Tisch stammte eindeutig von diesem berühmten dänischen Designer, wie hieß er noch gleich?

»Guten Tag. Möchten Sie lieber Kaffee oder Tee? Oder vielleicht ein Mineralwasser?« Unsanft wurde Giovanna aus ihren Gedanken gerissen. »Wasser, vielen Dank«, murmelte sie, während sie die ältere Dame beobachtete, die soeben den Raum betreten hatte.

Elisabeth Kirchner gehörte zu den Frauen, die Giovanna sofort als typisch deutsch einstufte. In ihrem schwarzen wadenlangen Kostüm, den straff nach hinten gekämmten und zu einem Knoten hochgebundenen Haaren und der goldgefassten Brille, die beinahe auf der Nasenspitze saß, wirkte sie streng und unnahbar. Giovanna ertappte sich dabei, wie sie unbewusst ihren Rock glatt strich, als könne sie ihn so um einige Zentimeter verlängern.

Die ältliche Dame mit dem herben Charme einer Gouvernante hatte sich inzwischen energisch als Chefsekretärin des Hauses vorgestellt. Dabei musterte sie Giovanna selbstbewusst und völlig ungeniert. Giovanna fühlte sich unter diesen Blicken schutzlos und nackt, widerstand jedoch dem dringenden Bedürfnis, den Augen dieses Drachens auszuweichen. Mit der Chefsekretärin wollte sie nun wirklich nicht auf Kriegsfuß stehen – wenngleich sie das sichere Gefühl hatte, dass einige Schwierigkeiten auf sie zukommen würden, sollte sie hier tatsächlich einen Job antreten.

Glücklicherweise öffnete sich in diesem Moment abermals die Tür zum Besprechungszimmer. Erleichtert atmete Giovanna auf, als Elisabeth Kirchner eilig den Raum verließ, während ein junger und gut aussehender Mann in dunklen Jeans, weißem T-Shirt und einem mitternachtsblauen Jackett mit ausgestreckter Hand und einem breiten Lächeln auf sie zukam. »Guten Tag, Signora Rossini. Ich bin Paul Wieland und freue mich, dass Sie den weiten Weg zu uns in den Schwarzwald gefunden haben.«

Augenblicklich hatte sich Giovannas Unbehaglichkeit in großes Erstaunen verwandelt. Das war Paul Wieland? Sie starrte ihn verblüfft an. Er war groß, dunkelblond und hatte graublaue Augen. Seine Haare waren ziemlich lang, was ihr normalerweise nicht gefiel. Die Hand, die er ihr zur Begrüßung bot, war auffallend groß und sehr gepflegt. Giovanna registrierte, dass er keinen

Ehering trug, dafür aber einen dezenten Siegelring mit einem Lapislazuli am kleinen Finger.

Das herausragendste Merkmal waren jedoch seine Schuhe: Anstelle der üblichen Slipper oder Halbschuhe steckten seine nackten Füße in schwarzen Flipflops, wie sie normalerweise nur im Urlaub oder am Strand zu finden waren. So etwas hatte Giovanna noch nie gesehen.

Paul Wieland bemerkte natürlich ihr Erstaunen – seinen Gruß hatte sie immer noch nicht erwidert. Er folgte ihrem Blick. Die Flipflops – das war unangenehm, wie konnte er das nur vergessen. Heute Mittag nach der Pause hatte ihm Frau Kirchner demonstrativ seine schwarzen Business-Schuhe mitten auf den Schreibtisch gestellt, damit er sich noch umzog vor dem Bewerbungsgespräch – und nun war es doch passiert. Wie peinlich. Paul verdrehte innerlich die Augen und griff sich an die Stirn. Jetzt galt es, möglichst elegant aus der Situation zu kommen.

Er räusperte sich kurz, blickte Giovanna strahlend an und holte sie so aus ihrer Erstarrung. Schnell streckte auch sie ihm die Hand für die überfällige Begrüßung entgegen, zwang sich dabei zu einem schiefen Lächeln und nickte ihm zu. Dann fiel ihr Blick wieder auf die schwarzen Gummischuhe.

»Ich hasse Strümpfe – und an die Flipflops habe ich mich in Australien so gewöhnt, dass ich beschlossen habe, sie auch bei der Arbeit zu tragen. Sie sind herrlich bequem. Wenn ich allerdings zu Kunden gehe, gibt es natürlich seriöseres Schuhzeug.« Wieland grinste die Italienerin frech an und bat sie mit einer ausholenden Handbewegung, Platz zu nehmen. Die Situation war gerettet; innerlich erleichtert ließen sich beide auf den Holzstühlen nieder. Dann begann Paul mit einem lockeren Small Talk und erkundigte sich aufmerksam nach Anreise, Reisewetter und ihren ersten Eindrücken vom Schwarzwald.

Giovanna war selbst erstaunt, wie spontan, offen und ehrlich sie auf seine Fragen antwortete. Sie verschwieg weder ihre völlig falsche Zeitplanung noch ihren Unmut über das Wetter und den Abstecher zur Hirsauer Klosterruine. Dabei zog sie ihre Augenbrauen nach oben und sah kurzfristig so verzweifelt aus, dass Paul schallend lachen musste. Er konnte sich lebhaft vorstellen, wie diese sonnenverwöhnte Italienerin im strömenden Schwarzwaldregen mit ihren hohen Schuhen und im Designerkostüm über die matschigen Wiesen der Ruinen stapfte – die Ärmste. Schade, denn so konnte sie natürlich nicht nachvollziehen, dass es sich um einen ganz besonderen, fast schon magischen Ort handelte. Für ihn war vor allem die weniger imposante kleine Georgskirche, die in der Nähe der Ruinen lag, ein Ort, der ihm neue, ganz andere Welten eröffnet hatte. Aber an dem unauffälligen Kirchlein fuhren die meisten vorbei – wie offenbar auch Giovanna.

»Entschuldigen Sie die indiskrete Frage, Herr Wieland, aber wie kommt es, dass Sie sich als Chef höchstpersönlich die Mühe machen, das Einstellungsgespräch mit einer neuen Marketingassistentin zu führen?« Giovanna hätte sich auf die Zunge beißen mögen, ihr war die Frage einfach so herausgerutscht. Aber nun war es zu spät. Paul bemerkte ihre Verlegenheit – ihr Gesicht hatte sich hellrot verfärbt. Ganz so selbstbewusst, wie sie sich gab, war sie also nicht – momentan zumindest sah sie eher aus wie ein Schulmädchen. Paul konnte sich ein Lächeln nicht verkneifen. Nett war sie und ausgesprochen hübsch. »Wissen Sie, Signora Rossini, Marketing ist bei uns Chefsache.«

Ganz selbstverständlich, fast schon beiläufig beantwortete er ihre Frage, ohne zu bemerken, wie erstaunt sie war. Seine Gedanken waren woanders, kreisten um ihre irritierend blauen Augen und ihre rauchige Stimme. Paul atmete tief durch und hatte einige Mühe, sich wieder auf das Gespräch zu konzentrieren.

Er wechselte das Thema.

»Sie sind erst dreißig Jahre alt, wenn ich mich nicht täusche, und haben in Ihrem Beruf bereits einiges erreicht. Wirklich beeindruckend.« Aufmerksam blickte er ihr ins Gesicht.

Giovanna rutschte auf ihrem Stuhl ein wenig nach vorne und richtete sich auf. Der offizielle Teil des Gespräches hatte begonnen. In kurzen Zügen erzählte sie ihm von ihrem Studium der Betriebswirtschaft mit Schwerpunkt Marketing an der Università di Bologna und ihrem mehr oder weniger zufälligen Eintritt bei BodyTop. Der Kontakt war über einen Freund zustande gekommen. Zunächst hatte sie als Volontärin in der Presseabteilung gejobbt, war dann aber nach einem Jahr ins Marketing gewechselt. Dort hatte sie sich in kurzer Zeit hochgearbeitet und schon bald Personalverantwortung und anspruchsvollere Aufgaben übernommen.

Wieland unterbrach sie mehrmals und hakte nach. Offenbar hatte er sich ebenfalls kundig gemacht und wusste einiges über ihre täglichen Aufgaben in der Mailänder Niederlassung. Ganz besonders interessierte er sich für ihren Anteil an der erfolgreichen Neueinführung amerikanischer Produkte auf dem italienischen Markt. Bereitwillig gab Giovanna Auskunft und schilderte ihm beinahe ein wenig stolz, wie es BodyTop immer wieder gelungen war, Facetten des American Way of Life nach Italien zu importieren.

Doch auch Giovanna hatte konkrete Fragen. Sie nutzte eine kurze Gesprächspause, um loszuwerden, was sie besonders interessierte: »Sagen Sie, Herr Wieland, haben Sie eigentlich kein Problem damit, dass ich direkt von der Konkurrenz komme?«

Giovannas Frage brachte Paul nicht aus dem Konzept. Er grinste sie frech an und erläuterte ihr verschmitzt, wie sehr er im Gegenteil an ihrem amerikanisch geprägten Marketing-Know-how interessiert wäre. Nicht, um es zu kopieren, im Gegenteil: Denn das, was er diesbezüglich bislang von BodyTop gehört hatte, reichte seiner Meinung nach aus, um einige Todsünden des Marketing farbenfroh zu illustrieren.

Verblüfft starrte Giovanna ihn an. Wieso Todsünden des Marketing – was sollte das sein? Neugierig fragte sie nach. Doch Paul winkte ab und nahm seinen Gesprächsfaden wieder auf. BodyTop sei ja ausschließlich in den großen italienischen Metropolen vertreten – gnadenlos amerikanisch, extrem trendy und vor allem bei jüngeren Menschen sehr beliebt. Und er fragte sich immer wieder, ob die Rechnung tatsächlich langfristig aufgehen konnte – waren doch die Italiener in Sachen Mode zwar stets eine Nasenlänge voraus, dabei jedoch nie so laut und plakativ wie Produkte aus den USA. Vorsichtig äußerte er seine Bedenken.

Giovanna reagierte erstaunlich gelassen. Ja, darüber hatte sie sich auch schon Gedanken gemacht. »Wissen Sie, Herr Wieland, ich zum Beispiel gehöre auch nicht zu der eigentlichen Zielgruppe von BodyTop.« Sie zögerte kurz, sprach dann jedoch weiter. »Ehrlich gesagt falle ich sozusagen vollständig durch das Raster. Mich persönlich reizt es nämlich überhaupt nicht, in irgendwelchen Fitness-Studios zu trainieren, zwischen wildfremden Menschen zu schwitzen und mich dann vielleicht noch von aufdringlichen Trainern belehren zu lassen. Nein danke!«

Ihre Stimme war lauter geworden und sie hatte ihre Worte mit vehementer Gestik und Mimik untermalt. Paul zog belustigt die Augenbrauen nach oben, was Giovanna nicht entging. Erschrocken hielt sie inne: »Aber nicht, dass Sie jetzt denken, ich interessiere mich nicht für diese Arbeit, die Produkte und Ihr Unternehmen, Herr Wieland. Ich kann zwischen Privatleben und Beruf sehr gut unterscheiden.«

Davon war Paul überzeugt. Denn nur, wer klar und strukturiert an seine Aufgaben geht, konnte es in so kurzer Zeit schaffen, derart weit zu kommen wie Giovanna. Sie war richtig gut, das stand für ihn außer Frage. Umso mehr interessierte ihn ihre persönliche Einschätzung der italienischen Marktsituation – und wie BodyTop mit der mediterranen Mentalität umging. Welche Marketingstrategie stand hinter der Unternehmenspolitik der Amerikaner – immerhin war es auffällig, dass sie sich bislang praktisch ausschließlich auf Großstädte konzentrierten.

Da die Wieland Fahrradmanufaktur bislang nicht in Italien operierte, konnte Paul seine Fragen zu diesem Thema gelassen und ohne Skrupel stellen. Giovanna antwortete ihm bereitwillig – schließlich ging es hier um ihre Kompetenz. Und so erfuhr Paul, dass es bei BodyTop keine auf den italienischen Raum zugeschnittene spezifische Marketingstrategie gab. Vielmehr kamen alle Vorgaben aus der Konzernzentrale in Denver.

Erstaunt beugte Paul sich nach vorn. Es gab keine eigene Marketingstrategie für Italien? Für welche Aufgaben war dann eigentlich die ehemalige Mailänder Abteilung von Giovanna verantwortlich? Vorsichtig formulierte er seine Frage – er wollte sie nicht vor den Kopf stoßen.

Giovanna starrte ihr Gegenüber irritiert an. War die Frage ernst gemeint? Innerlich rümpfte sie die Nase – hier war sie eindeutig in der Provinz gelandet. Wusste Paul Wieland wirklich nicht, was eine Marketingabteilung leistete? Nein, das konnte nicht sein, immerhin hatte er selbst noch vor einigen Minuten Marketing zur Chefsache erklärt. Wahrscheinlich hatte sie seine Frage falsch verstanden.

Um die unangenehme Stille, die plötzlich zwischen ihnen entstanden war, zu überbrücken, fing Giovanna an, von ihrer täglichen Arbeit in der Mailänder Niederlassung zu berichten. Sie erzählte von den Aktionstagen in den Fitness-Einrichtungen, die von BodyTop unterstützt wurden, von ihren Bemühungen, ernährungstheoretische Fragen in die Arbeit zu integrieren – und von den vielen Einzelkampagnen, die sie von der Konzeption bis zur Realisierung betreut hatte.

»Fast Food – Slow Motion?« Amüsiert wiederholte Paul das Motto einer Kampagne, die Giovanna im vergangenen Jahr verantwortet hatte. Ganz im Sinne moderner Erkenntnisse waren auch die von BodyTop belieferten Fitness-Zentren in Norditalien dem allgemeinen Trend gefolgt und hatten plakativ gegen Fast Food und die Folgen und für ausgewogenes und bewusstes Essen geworben. »Was hat denn der Big Boss in Denver dazu gesagt? Das klingt doch ziemlich unamerikanisch, oder?«

»Stimmt, das war es auch.« Giovanna lächelte vergnügt. »Und Rodman war übrigens alles andere als begeistert. An sich hat er nie etwas gegen unsere eigenverantworteten Ideen gehabt – zumal die Zahlen stimmten. In diesem Fall war es allerdings anders, er fühlte sich in seinem amerikanischen Lebensgefühl wohl ein wenig auf den Schlips getreten.« Nachdenklich strich Giovanna mit der rechten Hand über die Tischplatte. »Aber er hat sich dann schnell wieder beruhigt, weil die Presse unerwartet auf unseren Zug aufsprang und so einiges für unser Image tun konnte. Und letztendlich war das Ganze ein Riesenerfolg.«

Stolz blickte Giovanna in Pauls Gesicht. Er kaute auf seiner Unterlippe und schien tief in Gedanken versunken. Keine Spur von Anerkennung, kein aufmunterndes Kopfnicken. Hatte sie etwas falsch gemacht? Empfand er sie vielleicht als Angeberin? Nervös rutschte Giovanna auf ihrem Stuhl hin und her. Sie wurde nicht schlau aus diesem Jungunternehmer in Badelatschen.

Unterdessen hatte Paul seine Überlegungen in Worte gefasst. »Signora Rossini, heißt das also, dass Sie in Ihrer Abteilung vollkommen unabhängig von der Konzernzentrale tätig waren? Gab es da keine Abstimmungsprozesse?«

Worauf wollte er hinaus? Giovanna versuchte fieberhaft zu erfassen, was Paul mit dieser Frage bezweckte – und entschloss sich dann, einfach offen und geradeheraus zu antworten. »Nein, ganz so einfach läuft das bei BodyTop natürlich nicht.« Dann schilderte sie in kurzen Zügen, dass in der Tat vor einigen Jahren eine Marketingstrategie in Denver erstellt wurde, die für jede Niederlassung im Prinzip bindend war. Allerdings war sie so allgemein gefasst, dass sie ausreichend Spielraum für eigene Ideen enthielt – was alle Niederlassungen als ausgesprochen angenehm empfanden. Giovannas Vorgesetzter ließ ihr deshalb auch stets freie Hand, wenn es um die Auswahl einzelner Maßnahmen ging – er verließ sich voll und ganz auf ihr Gespür.

Paul hakte nach: War es demnach auch auf Giovannas Gespür zurückzuführen, dass ländlichere Regionen oder Kleinstädte in Italien nicht von BodyTop beliefert wurden? Und wenn ja, warum?

Die Italienerin zog die Nase kraus. Sie verstand immer noch nicht, worauf er hinauswollte. Sie war sich jedoch ganz sicher, dass es in diesem Moment um etwas Entscheidendes ging. Paul schien hoch konzentriert, geradezu gespannt – es galt wohlüberlegt zu antworten.

Giovanna wusste, dass sie genau zwei Möglichkeiten hatte: Entweder sie sprach im Sinne der BodyTop-Philosophie von Megatrends, die nun einmal ausschließlich in Ballungszentren stattfanden – oder sie brachte ihre eigenen Überlegungen ins Gespräch, für die in Mailand nie Raum gewesen war. Sie gab sich einen Ruck und entschied sich für die zweite Alternative.

»Wissen Sie, Herr Wieland, die Rechnung mit der Marktpräsenz von BodyTop in italienischen Großstädten ist ausgesprochen gut aufgegangen, das muss man neidlos zugeben«, begann sie diplomatisch. »Also gab es bislang für unsere Abteilung keinen Grund, diese Strategie infrage zu stellen.« Sie machte eine kurze Pause und blickte ihm offen und direkt ins Gesicht. »Meiner persönlichen Einschätzung nach kann diese Taktik jedoch auf Dauer nicht gut gehen. Unsere heutige Klientel wird älter und anspruchsvoller. In einigen Jahren empfinden diese Zielgruppen den von uns propagierten Fitness-Stil wahrscheinlich als zu jugendlich und dadurch vielleicht sogar als aufdringlich und abstoßend. Und diese Entwicklung können wir mit unserer Strategie nicht abfangen. Wir werden diese Kunden von heute also morgen wie kleine Fische in einem zu grob geknüpften Netz verlieren.«

Bei ihren letzten Worten hatte Giovanna damit begonnen, ungeduldig mit den Fingern ihrer linken Hand auf dem Tisch zu trommeln.

»Signore Wieland, glauben Sie mir«, fuhr sie beschwörend fort, »es ist ein großer Fehler, den gesamten ländlichen Raum eines Landes wie Italien aus einer Strategie einfach auszuklammern! Italien – das ist doch mehr als Mailand, Rom und Neapel. Ein wichtiger Teil unseres Lebensgefühls, unsere Identität findet jenseits dieser Stadtmauern statt.«

Sie seufzte und sah dabei so bekümmert aus, dass Paul ihr spontan zustimmte. Natürlich hatte sie Recht. Sah man einmal davon ab, dass die Mailänder Marketingabteilung offenbar keine Weisungskompetenz in strategischen Fragen besaß und dafür im Kleinen völlig losgelöst vom Unternehmen agieren durfte, schien ihm auch die interne Abstimmung im Gesamtkonzern von BodyTop nicht ausreichend. Und es bestätigte einen Verdacht, den er seit langem hegte: Marketing war beim amerikanischen Wettbewerber wegen der Gesamtmarktstrategie nur in der Zentrale institutionalisiert, während es in den regionalen Märkten selbst keine segmentspezifischen Marketingmanager gab.

Dazu passte es dann auch, dass Bella Italia von Denver aus im Prinzip auf wenige Ballungsräume degradiert worden war. Denn würde Rodman die

Märkte als einzigartig begreifen, hätte er weisungsbefugte, regionalbezogene Marketingmanager die einzelnen Märkte individuell aufrollen lassen. Zugegeben, bislang war der Erfolg groß – doch wie lange noch? Interessant, dass Signora Rossini dieses Problem ebenfalls erkannt hatte.

»Kennen Sie Italien?« Giovannas spontane Frage riss Paul aus seinen Gedanken. Natürlich kannte er Italien, vor allem die Berge. Sofort entspann sich ein lebhaftes Gespräch über die verschiedenen Regionen, ihre besonderen Reize – und die hervorragende italienische Küche. Giovanna war offensichtlich in ihrem Element. Sie schwärmte von den einsamen Buchten Kalabriens, den umwerfenden Rezepten amalfinischer Köche und natürlich der Emilia Romagna, wo sie sich regelmäßig mit ihrem Vater zu kulinarischen Wochenenden traf.

Paul erzählte von seinen vielen Bergtouren, die er in den Dolomiten unternommen hatte. Dass diese auch heute noch meist in Begleitung seiner Ex-Freundin Silvia stattfanden, verschwieg er allerdings. Insgeheim verglich er Giovanna Rossini jedoch mit ihr und musste innerlich grinsen: Seine stets braun gebrannte, hochgewachsene und blonde Ex-Liebe mit dem aufregend durchtrainierten Körper wüsste wahrscheinlich wenig mit dieser zarten und eleganten Italienerin anzufangen.

»Und Sie, Signora Rossini, mögen Sie die Berge?« Paul musterte Giovanna interessiert.

Sie hüstelte verlegen, um ein wenig Zeit zu gewinnen. Sollte sie mit der Wahrheit herausrücken und diesem passionierten Bergsteiger gestehen, dass sie erstens nicht schwindelfrei war und deshalb zweitens niemals freiwillig in die Berge fuhr? Oder konnte man diese Klippe vielleicht geschickt umschiffen?

Giovanna räusperte sich. »Oh, ich war schon lange nicht mehr wandern«, erklärte sie zögernd. »Mein Job hat mir in den letzten Jahren praktisch keine Zeit dazu gelassen.«

Paul zog die Augenbrauen nach oben. Hatte sie vor wenigen Minuten nicht noch in höchsten Tönen von ihren Ferien in Süditalien geschwärmt?

»Sagen Sie, Herr Wieland, Sie sprachen vorhin von den sieben Todsünden des Marketing. Was meinten Sie damit eigentlich?« Giovannas Ablenkungsmanöver gelang.

Genüsslich lehnte Paul sich in seinem Stuhl zurück. Er hatte in den vergangenen Jahren viel gelernt – gerade im Bereich Marketing. Und ihm war bewusst geworden, an welchen Stellen immer wieder die entscheidenden Fehler gemacht wurden – im Hinblick auf den Unternehmenserfolg echte Todsünden. Diese Erkenntnis wollte er in Zukunft mit seiner Marketingassistentin teilen. Und diese Frau, da war er sich ganz sicher, würde ihn verstehen, weil sie mitdachte.

Er lächelte sie freundlich an. »Die erste Todsünde des Marketing haben Sie ja bereits selbst erkannt: Denn wenn das Marketing in einem Unternehmen keine weisungsbefugte, ganzheitliche Koordination der einzelnen Bereiche vorsieht, ist ein langfristiger Erfolg unmöglich. Und auf die anderen Todsünden werden Sie ganz schnell von alleine kommen, wenn Sie bei uns erst einmal angefangen haben.«

Giovanna schaltete schnell. »Heißt das, Sie möchten, dass ich in Ihr Unternehmen eintrete?« Ihr Herz klopfte.

Paul nickte bedächtig. »Ja, ich denke, wir könnten ein gutes Team abgeben. Vorausgesetzt, Sie finden sich mit meinem Schuhzeug ab.« Seine Augen funkelten Sie an.

Giovanna überlegte fieberhaft. Die berufliche Herausforderung war in der Tat groß, ganz offensichtlich ging Paul Wieland in Sachen Marketing andere, fein gesponnenere Wege. Außerdem fand sie ihn ausgesprochen nett, obwohl er aus der Provinz stammte. Wenn nur dieses Wetter nicht wäre. Ihr Blick schweifte zu den großflächigen Fenstern, hinter denen das nasse Schwarzwaldgrün langsam in der Abenddämmerung verschwand. Seufzend gab sie sich einen Ruck. »Doch, ich würde gerne hier arbeiten.« Sie machte eine kurze Pause und fuhr dann mit einem entzückenden Lächeln fort: »Und das mit den Schuhen geht in Ordnung, Signore Wieland.«

Pauls schallendes Gelächter hatte nicht nur etwas Befreiendes, sondern demonstrierte Giovanna gleichzeitig eindrucksvoll die vielseitige Palette von Lachfalten, die das Gesicht ihres neuen Chefs zierten. Ob er immer so locker und gut drauf war? Andererseits konnte er ganz schön beharrlich sein, auch das hatte sie während des Gespräches bemerkt. Nun, irgendwoher musste sein beeindruckender Erfolg schließlich kommen – sah man einmal von den Produkten selbst ab. Instinktiv war Giovanna sich ganz sicher, dass in der Persönlichkeit Paul Wielands einer der Schlüssel zum Unternehmenserfolg der Wieland Fahrradmanufaktur lag. Und nun würde sie die Gelegenheit bekommen, ihn als seine Marketingassistentin, als eine, die ihm unmittelbar zuarbeitete, näher kennen zu lernen. Eine verlockende Perspektive.

Nachdem sie die wesentlichen Inhalte des Arbeitsvertrages besprochen hatten, lud Paul seine neue Mitarbeiterin auf einen Imbiss in die Werkskantine und eine anschließende Werksführung ein. Giovanna reagierte erstaunt: Die Werksführung war bei Einstellungsgesprächen üblich – aber am frühen Abend in die Werkskantine? Das war ausgesprochen ungewöhnlich.

Paul erklärte ihr, was es mit der Kantinenbewirtschaftung auf sich hatte. Ganz im Gegensatz zu Giovannas Vorurteil gegenüber deutscher Pünktlichkeit und Regelmäßigkeit verfügte hier offenbar ein großer Teil der Mitarbeiter über ein Zeitarbeitskonto, das je nach anfallenden Arbeiten einmal mehr, einmal weniger bedient wurde. Und da gerade die kreativen Köpfe in der Technik und in der Forschungs- und Entwicklungsabteilung am liebsten in den Abend hinein arbeiteten, wenn es in Produktion und Verwaltung ruhig geworden war, hatte man sich im letzten Jahr darauf verständigt, die Kantine täglich bis neunzehn Uhr zu öffnen – abends allerdings mit kalter Küche.

Giovanna nickte anerkennend. Das hörte sich nach Flexibilität und persönlicher Freiheit an – scheinbar war die Provinz hier doch nicht so hinterwäldlerisch, wie sie gedacht hatte. Plötzlich war sie gespannt darauf, was dieser Abend für sie noch zu bieten hatte.

Gemeinsam verließen sie Pauls Büro. Nach einer Stippvisite in seinem Vorzimmer bei Elisabeth Kirchner machten sie sich auf den Weg in die Kantine. Sie verließen den ersten Stock über das Treppenhaus, das Giovanna bereits kannte, und traten dann durch eine seitliche Glastür ins Freie.

Mittlerweile war es dunkel geworden und es regnete nicht mehr. So gut es ging folgte Giovanna ihrem neuen Vorgesetzten. Seine Flipflops hinterließen mit jedem Schritt ein eigenartig schmatzendes Geräusch auf dem nassen Boden, was sie ziemlich witzig fand. Doch Paul schien es nicht zu bemerken. Zügig gab er das Tempo an, ohne das hektische Geklapper von Giovannas Absätzen zu registrieren.

Dezente Edelstahlleuchten tauchten das Werksgelände in ein angenehmes Licht, während einzelne Strahler die vielfältige Bepflanzung rund um das Hauptgebäude effektvoll in Szene setzten. Über einen kleinen Holzsteg erreichten sie einen Fußweg zur Gebäuderückseite. Dort teilte sich der Weg: Links führte er durch einen ebenfalls szenisch angestrahlten Garten zu einer prachtvoll beleuchteten Villa, rechts lief er direkt auf einen modernen Flachbau mit verglasten Außenwänden zu – eindeutig die Kantine.

Unmittelbar an der Weggabelung blieb Paul plötzlich stehen. Sein Blick wanderte vom Kantinengebäude hinüber zu der alten Villa. Im Kühlschrank hatte er noch köstliche Antipasti von Enzo, seinem Lieblingsitaliener – aber war das nicht ein wenig zu aufdringlich?

»Oh, ist das schön. Wer wohnt da?« Giovanna war von dem Anblick begeistert. »Das ist ja wie im Märchen. Und dann dieser große Garten – denken Sie da nicht auch automatisch an wunderbare Gartenfeste und lange, festlich gedeckte Tafeln?«

Paul blickte sie erstaunt an. Silvia hatte diesen alten Kasten – wie sie sein Elternhaus zu bezeichnen pflegte – stets abgelehnt. Sie fand es reaktionär, in so einer Bonzenvilla zu leben, Luxus hin oder her. »Gefällt Ihnen das Haus?«, hörte Paul sich zu seiner eigenen Verblüffung sagen. »Sehr, es ist wundervoll!« Giovannas Antwort kam spontan und von Herzen; Paul lächelte sie warm an.

»Nun, Sie werden sicherlich irgendwann die Gelegenheit haben, den Garten zu besichtigen. Wissen Sie, ich wohne dort seit dem Tod meines Vaters allein – und es ist manchmal ziemlich einsam in all diesen Räumen und dem weitläufigen Park. In der Mittagspause gehe ich dort allerdings gern spazieren – vielleicht möchten Sie mich einmal begleiten?«

Ohne eine Antwort abzuwarten, glitt Pauls Blick an Giovannas wohlgeformten Beinen hinab und blieb an ihren eleganten Pumps hängen. »Vielleicht sollten Sie dann allerdings ein paar Ersatzschuhe einstecken«, fügte er knurrend hinzu.

Dann nahm er seinen schnellen Schritt wieder auf und führte Giovanna zielstrebig in die Kantine.

»Zweimal schwäbische Vesperplatte und zwei Mineralwasser!« Pauls Stimme klang klar und deutlich durch den nur spärlich besuchten Raum. Zielstrebig wählte er einen Tisch am Fenster und rückte Giovanna den Stuhl zurecht. Ein wenig verunsichert nahm sie Platz. Er hatte einfach für sie bestellt, ohne zu fragen, worauf sie Appetit hatte – das missfiel ihr. Ob Paul Wieland auch im Arbeitsalltag so wenig Rücksicht auf die Bedürfnisse seiner Mitarbeiter nahm? Ein unzufriedener Gesichtsausdruck spiegelte sichtbar wider, was in ihr vorging.

Paul zwinkerte ihr zu: »Das fanden Sie jetzt nicht gut, dass ich einfach für Sie mitbestellt habe, habe ich Recht?« Giovanna lief rot an und nickte. War sie so leicht zu durchschauen? Wie ärgerlich. »Ich will es Ihnen erklären, Frau Rossini«, fuhr er unbeirrt fort. »Wissen Sie, wenn Sie hier wirklich leben wollen, sollten Sie auch wissen, welche kulinarischen Herausforderungen Sie ab und an zu bewältigen haben. Und das«, er deutete auf die ältere Frau, die soeben mit zwei großen Tellern auf sie zusteuerte, »das ist eine von den größeren.«

Entsetzt starrte Giovanna auf die Platte, die nun vor ihr stand. Schwarzwälder Schinken in dicken Lagen mit breiter Schwarte, dazu dunkles, trockenes Brot mit Kümmel. Doch das war nicht das Schlimmste: Denn daneben lag, hübsch in Scheiben geschnitten, ein riesiges teigiges Objekt, das aussah wie ein überdimensionaler, aufgeschwemmter Ravioli mit undefinierbarer Füllung – eine Maultasche!

Giovanna schloss die Augen. Der neue Job fing schwieriger an, als sie dachte.

*

Die erste Todsünde des Marketing:

Die Stellung der Marketingabteilung ist der Bedeutung nicht angemessen

Die zentrale Bedeutung des Marketing für alle Aspekte einer modernen Unternehmensführung spiegelt sich längst nicht in allen Unternehmen wider. Zu oft ist die Marketingabteilung zu einer reinen Vertriebsabteilung degradiert, anstatt als Kernbereich im Unternehmen organisatorisch etabliert zu sein. Oder sie besitzt keinerlei Entscheidungs- oder Weisungsbefugnis gegenüber anderen zentralen Unternehmensbereichen wie Produktion, Einkauf oder Finanzen. Die Identifikation der Kundenwünsche und der daraus abzuleitenden Maßnahmen bleibt – wenn überhaupt – jedem Unternehmensbereich selbst überlassen und orientiert sich deshalb meist mehr an den Bedürfnissen und Interessen der einzelnen Abteilungen als an denen des Marktes und der Zielgruppen.

Die Folge: Wichtige Marketingmaßnahmen werden zwischen einzelnen Unternehmensbereichen nur ungenügend oder gar nicht miteinander abgestimmt. Fehlplanungen und Flops sind auf diese Weise vorprogrammiert. Probleme, die sich vermeiden lassen, wenn das Marketing als Unternehmensführungskonzept begriffen und – im Falle der Wieland Fahrradmanufaktur sogar als Chefsache – entsprechend in das Unternehmen integriert wird.

So verhält sich das auch beim amerikanischen Protagonisten Body-Top. Marketing spielt hier zwar eine zentrale Rolle – die teilmarktspezifischen Gegebenheiten und Zielgruppenbedürfnisse Italiens werden jedoch – obwohl langfristig erforderlich – in selbstbewusst amerikanischer Trendorientierung nicht weiter berücksichtigt.

Grundsätzlich ist der Aufgabenschwerpunkt der Marketingabteilung allerdings je nach Produkt oder Dienstleistung von Unternehmen zu Unternehmen unterschiedlich, so dass in der Praxis verschiedene Organisationsformen vorkommen.

Die für das eigene Unternehmen richtige und angemessene Organisationsform sollte sich an den drei zentralen Faktoren für das Marketing **Funktion, Produkt** und **Märkte** orientieren. So sind je nach Schwerpunkt verschiedene Formen der Marketingorganisation denkbar:

1. Funktionsorientierte Marketingorganisation

Die Marketingabteilung steht gleichberechtigt neben den anderen funktionsorientierten Unternehmensbereichen Produktion, Personal, Finanzen und Beschaffung. Der Marketingleiter trägt im Sinne eines **Funktionsmanagers** die Gesamtverantwortung – die einzelnen Mitarbeiter konzentrieren sich lediglich auf ihren jeweiligen Funktionsbereich (Marktforschung, Produktplanung, Werbung oder Verkauf), nicht aber auf ein Produkt oder die Gesamtleistung.

Sinnvoll ist dies, wenn Märkte, Produkte und Zielgruppen sehr homogen sind oder lediglich ein Produkt angeboten wird.

2. Produktorientierte Marketingorganisation

Bei dieser Organisationsform sind gewinnverantwortliche **Produktmanager** nach Produktgruppen als Instanz zwischen der Marketingleitung und den Funktionsabteilungen eingebunden. So können Unternehmen mit vielen verschiedenen Produkten oder sehr unterschiedlichen Märkten schnell und flexibel auf Abnehmerwünsche reagieren.

3. Gebietsorientierte Marketingorganisation

Ein **Gebiets- bzw. Regionalmanager** koordiniert alle Maßnahmen für sein Gebiet - die sinnvolle Lösung bei weitgehend homogenen oder problemlosen Produkten, die über einen mitarbeiterintensiven Außendienst vertrieben werden.

4. Kundenorientierte Marketingorganisation

Individuelle Kundenwünsche durch individuelle Betreuung eines **Kundenmanagers** besser zu berücksichtigen ist Ziel dieser Organisationsform. Ein weiteres Plus: Die große Nähe zur Zielgruppe erhöht die Reaktionsfähigkeit auf neue Trends.

5. Die Matrixorganisation

Besonders bei Unternehmen mit vielen und heterogenen Produkten hat sich diese Form des gleichberechtigten, parallelen Einsatzes von **Produkt-, Funktions- und Kundenmanagern** bewährt. Für ein optimales Ergebnis sind hier vor allem flache Hierarchien und Teamgeist gefragt.

Das Unternehmen

Giovanna schaffte es tatsächlich, etwa die Hälfte der aufgeschnittenen Maultaschen zu essen. Außerdem stellte sie zu ihrem größten Erstaunen fest, dass der salzige Schinken, der üppig um die schwäbischen Nudeln herum dekoriert war, wirklich lecker schmeckte. Paul machte sie darauf aufmerksam, dass es sich dabei um eine heimische Spezialität handelte, die direkt von einem Bio-Bauern aus dem Nachbarort kam.

Während Giovanna ihren ersten Kontakt mit typischer Schwarzwälder Kost einigermaßen erfolgreich hinter sich brachte, erzählte Paul ihr von der Wieland Fahrradmanufaktur – und wie er zum Geschäftsführer des alteingesessenen Unternehmens wurde. So erfuhr Giovanna, dass Paul ursprünglich andere Pläne und Berufsvorstellungen verfolgt hatte, ehe ihn der überraschende Tod seines Vaters vorzeitig in den Schwarzwald zurückholte.

Paul war der einzige Sohn von Paul Wieland senior und seiner Frau, die bereits kurz nach der Geburt des einzigen Erben aufgrund einer unheilbaren Krankheit verstarb. Während der Vater sich um das Unternehmen kümmerte, das er in fünfter Generation führte, wurde Paul von einer Kinderfrau betreut und erzogen – die auch heute noch täglich als Haushälterin in die Villa kommt. Für Paul war sie stets eine Art Großmutter-Ersatz, da er seine leiblichen Großeltern nie bewusst kennen lernen konnte.

Pauls Kindheit war geprägt von der Wieland Fahrradmanufaktur – mit allen Vor- und Nachteilen. Denn obwohl es der kleinen Familie durch das erfolgreiche Unternehmen finanziell stets ausgesprochen gut ging, litt der Sohn unter dem beruflichen Engagement seines Vaters. Paul erinnerte sich zum Beispiel nicht daran, jemals mit seinem Vater Ferien am Meer oder im Ausland gemacht zu haben – und konnte nie mitreden, wenn seine Freunde in der Schule davon schwärmten. Heute war ihm klar, warum sein Vater das nicht konnte: Als Unternehmer vom alten Schlag war er einfach nicht in der Lage, sich guten Gewissens länger als drei Tage von seinem Werk zu trennen. So standen zu Pauls Leidwesen all die Jahre während der Schulferien lediglich ausgedehnte Schwarzwaldtouren auf dem Programm – für einen kleinen Jungen nicht gerade der Inbegriff von Abenteuer und großer, weiter Welt. Dennoch liebte Paul insgeheim die gemeinsamen Ausflüge mit dem Senior – boten sie doch die einzige Gelegenheit, den Vater ganz für sich alleine zu haben.

Giovanna konnte den Kummer gut nachvollziehen, den Paul als Kind empfunden haben musste. Mitleidig musterte sie Pauls nachdenkliche Miene, während er aus seiner Kindheit erzählte. Auch sie hatte ihren Vater als junges Mädchen nur selten zu Gesicht bekommen – zu sehr war er damals mit dem Aufbau seiner Kanzlei beschäftigt gewesen. Allerdings hatte sie eine Mutter, die sich stets darum bemühte, den oft abwesenden Vater so gut es ging zu ersetzen. Paul hatte zwar eine Kinderfrau – nur ob sie in der Lage gewesen ist, die fehlende Fürsorge und Liebe auszugleichen? Giovanna war sich da nicht so sicher. Interessiert konzentrierte sie sich wieder auf Pauls Worte, als er nun auf seine Jugend zu sprechen kam.

Nachdem er nämlich das fünfzehnte Lebensjahr erreicht hatte, verschlechterte sich sein Verhältnis zum Vater spürbar. Denn Paul weigerte sich standhaft, in die Fußstapfen des Vaters zu treten, um einmal selbst Chef des Unternehmens zu werden. Er hatte andere Pläne: Paul wollte mit seiner Band Musik machen, viel reisen und vor allem niemals so viel arbeiten wie sein Vater. Aus heutiger Sicht war es für Paul kein Wunder, dass seine Beziehung zum Senior damals innerhalb weniger Jahre so große Risse erlitt, dass sie zeitweise über Wochen nicht mehr miteinander sprachen. Wenn es etwas untereinander zu regeln gab, vermittelte die Kinderfrau – ansonsten ging man sich aus dem Weg.

Grinsend gab Paul zu, dass seine Vorliebe für Musik und die vielen nächtlichen Proben auch Spuren hinterließen: Seine Schulleistungen ließen in der Oberstufe derart zu wünschen übrig, dass er das Abitur erst im zweiten Anlauf und mit nur mittelmäßigen Noten schaffte. Spätestens zu diesem Zeitpunkt war das Verhältnis zu seinem Vater auf dem Tiefpunkt angelangt – er winkte nur müde ab, als Paul ihm seinen Entschluss mitteilte, den Wehrdienst zu verweigern und im Krankenhaus zu arbeiten, um danach in Bochum Musikwissenschaft zu studieren.

Ins Gespräch kamen Vater und Sohn erstmals wieder im Spätsommer 1994, nachdem Paul zum vierten Mal fast die gesamten Semesterferien im väterlichen Betrieb am Fließband gearbeitet hatte. Paul war sich sicher, dass Hans-Peter Schröttle, der liebenswerte Produktentwickler und langjährige Freund vom Senior, hinter dieser Entwicklung steckte. Unter seiner Aufsicht hatte Paul wochenlang Dynamos geprüft, Leuchten angeschraubt und Speichen montiert, als sein Vater eines Tages neben ihm auftauchte, um ihn zum gemeinsamen Mittagessen in der Kantine einzuladen. Damals lag die Kantine noch im Untergeschoss des Haupthauses und stand den Mitarbeitern lediglich eineinhalb Stunden täglich offen. Entsprechend groß war der Andrang in der Mittagszeit, weswegen Paul meist auf einen warmen Imbiss verzichtete. Außerdem lagen ihm die angebotenen Menüs nicht allzu sehr – von leichter Kost keine Spur.

Dennoch freute er sich über die Einladung seines Vaters und versuchte, das Raunen zu ignorieren, das sich ausbreitete, als sie beide den Kantinensaal betraten. Natürlich war das gespannte Verhältnis zwischen den Beiden allgemein bekannt, so dass diese Neuigkeit im Betrieb wie eine Bombe einschlug.

Dieses Essen bildete den Wendepunkt in der Vater-Sohn-Beziehung. Zwar zeigte Paul immer noch keinerlei Ambitionen, in die Fußstapfen des Vaters zu treten, doch seine veränderte berufliche Ausrichtung kam den Vorstellungen des Vaters ein wenig mehr entgegen. Paul war nach dem Grundstudium auf Kultur- und Musikmanagement mit Schwerpunkt Marketing umgestiegen, was dem Vater weitaus weniger brotlos erschien als Bandauftritte in zweitklassigen Clubs.

Zwischen schwäbischem Sauerbraten und Spätzle bemerkte Wieland senior dann auch, dass sein Sohn mittlerweile ein immenses Wissen über das Unternehmen gesammelt hatte. Sein Blick war für die Vorgänge im Betrieb geschärft und er interessierte sich ganz besonders für die einschneidende Produktionsumstellung von Landmaschinen auf Fahrräder, die der Großvater als junger Mann vorgenommen hatte. Und natürlich war Paul nicht entgangen, dass sein Vater auch die Nachfolge-Frage in Angriff genommen hatte: Mit Dr. Harald Metzler, einem zielstrebigen und ehrgeizigen Ingenieur, war im Jahr zuvor ein zuverlässiger und fleißiger Techniker ins Unternehmen eingestiegen, den Paul bereits aus alten Schultagen kannte. Paul war sich sicher, dass dieser das unternehmerische Erbe seines Vaters wenig spektakulär, dafür jedoch solide fortführen würde.

In den beiden folgenden Jahren wiederholten Paul und sein Vater ihre gemeinsamen Arbeitsessen während der Semesterferien so oft es ging und verbrachten – zur größten Freude der alten Kinderfrau – auch manchen Abend mit angeregten Gesprächen im Kaminzimmer der alten Villa. Paul kam wieder gern nach Hause in den Schwarzwald, weshalb ihm der Abschied vom Vater ungewohnt schwer fiel, als er zu einem einjährigen Auslandsaufenthalt nach Australien aufbrach.

Schon wenige Monate nach seiner Abreise erfuhr Paul in Australien vom plötzlichen Tod seines Vaters. Tief erschüttert kündigte er seinen Job als Deutschlehrer an einer Privatschule und kehrte umgehend in die Heimat zurück. Dennoch musste die Beerdigung seinetwegen um zwei Tage verschoben werden – ein Fluglotsenstreik hielt ihn unfreiwillig auf den Philippinen fest. Im Unternehmen und auch im Ort sorgte diese kurzfristige Planänderung für Ärger und negative Stimmung, da Wieland senior als größter Arbeitgeber der Gemeinde mit allen kommunalen Ehren beigesetzt werden sollte. Seine Verspätung hielt die Organisatoren erheblich auf Trab, wenngleich niemand es wagte, den Sohn dafür zu tadeln.

Nach der Beerdigung gab Paul der gesamten Belegschaft der Fahrradmanufaktur drei Tage außerordentlichen Betriebsurlaub, um sich in aller Ruhe über die Zukunft des Betriebes und seine eigenen Vorstellungen Gedanken zu machen. Damals lief er stundenlang durch die leeren Produktionshallen und Büros, versuchte sich ein konkretes Bild davon zu machen, was ihn hier in Nagold erwarten würde und stellte zu seinem größten Erstaunen fest, dass er in der Tradition seines Vaters emotional zutiefst verwurzelt war. Sein Entschluss, das Unternehmen zu übernehmen, fiel in der dritten einsamen Nacht auf dem Gelände.

Spontan rief Paul am ersten Arbeitstag nach der Beerdigung alle Mitarbeiter in der Kantine zusammen, um ihnen seine Entscheidung mitzuteilen. Während Hans-Peter Schröttle strahlte und Harald Metzler seinen Worten mit regungsloser Miene lauschte, reagierte ein Großteil der Belegschaft erwartungsgemäß misstrauisch. Doch Paul hatte in den nachfolgenden Jahren geschafft, womit keiner gerechnet hatte: Die Wieland Fahrradmanufaktur konnte sich nicht nur erfolgreich neu orientieren, sondern erwies sich dabei auch als ausgesprochen gewinnträchtig.

*

Giovanna hatte der ausführlichen Schilderung ihres neuen Chefs aufmerksam gelauscht. Zwar waren ihr viele Fakten bereits bekannt, doch es kamen viele interessante Details über ihren neuen Arbeitsplatz hinzu. Neugierig hakte sie nach:

»Und wie ist dieser Dr. Metzler mit der grundlegend veränderten Situation umgegangen? Immerhin sollte er doch eigentlich die Nachfolge Ihres Vaters antreten, oder?«

Paul nickte nachdenklich. »Tja, das war sicherlich nicht ganz einfach für ihn.« Er ließ seinen Blick durch die mittlerweile leere Kantine schweifen. »Wissen Sie, Signora Rossini, Harald und ich kennen uns schon seit der Grundschule. Er war bis zur Oberstufe in meiner Klasse, hat dann aber ein Jahr früher als ich Abitur gemacht, natürlich überdurchschnittlich gut.« Ein leichtes Grinsen umspielte seine Mundwinkel, während er weiterredete. »Harald und ich haben uns nie besonders gemocht. Ich fand ihn zu fleißig und angepasst – und er sah in mir wahrscheinlich nichts weiter als den verwöhnten und rückgratlosen Sprössling eines großen Unternehmers.«

Giovanna blickte ihn fragend an. »Und trotzdem arbeiten Sie all die Jahre gut zusammen? Wie funktioniert das?«

»Man wird eben älter und vernünftiger!« Pauls Grinsen verwandelte sich in ein lausbubenhaftes Lächeln, was Giovanna gut gefiel. »Nein, im Ernst, wir kommen ganz gut miteinander klar und akzeptieren eben, dass jeder von uns andere Stärken hat. Harald ist ein hervorragender Techniker und ich kann auf ihn nicht verzichten. Wir sind zwar nicht immer einer Meinung« – Paul atmete tief durch – »aber zu guter Letzt ziehen wir dann doch immer am gleichen Strang.«

Spontan schob Paul seinen Stuhl zurück und erhob sich. »Was halten Sie davon, wenn ich Sie direkt miteinander bekannt mache? Metzler arbeitet um diese Uhrzeit meist unten in der Produktionshalle und wird sich sicherlich freuen, Sie kennen zu lernen.«

Erfreut stand Giovanna auf. Die Werksbesichtigung wollte sie sich selbstverständlich nicht entgehen lassen – auch wenn ihr ein verstohlener Blick auf die Armbanduhr signalisierte, dass es bereits ziemlich spät war. Siedend heiß fiel ihr ein, dass sie aufgrund ihrer schlechten Zeitplanung am Nachmittag versäumt hatte, ein Hotelzimmer zu buchen. Hoffentlich würde sie zu späterer Stunde in Nagold noch ein Dach über dem Kopf finden.

Während sie durch einen Seitenausgang die Kantine in Richtung Fertigungshalle verließen, nestelte Paul an seiner linken Hosentasche herum. Aus den Augenwinkeln heraus nahm Giovanna wahr, wie er umständlich eine offenbar alte silberne Taschenuhr hervorzog. Unter einer der Außenlampen blieb er kurz stehen und musterte das Zifferblatt. Dann stopfte er die Uhr wieder in die Tasche zurück. Giovannas fragenden Blick beantwortete er mit der kurzen Erklärung, dass er sehr an diesem Erbstück seines Großvaters hänge – zumal er Armbanduhren aufgrund ihrer ständigen Präsenz bei der Arbeit nicht leiden könne.

Giovanna war beeindruckt. Dieser Wieland hatte Stil: Er war gut gekleidet – sah man einmal von den schwarzen Flipflops ab, zeigte bei der Einrichtung seines Büros erlesenen Geschmack und demonstrierte mit seiner Taschenuhr nun auch noch, dass er Sinn für echte Werte und Traditionen besaß. Wie gut konnte sie ihn in seiner Ablehnung Armbanduhren gegenüber verstehen! Auch Giovanna konnte die oftmals protzig-sportlichen oder alternativ spießig-langweiligen Zeitmesser an Männerarmen nicht besonders gut leiden. Und dass Paul auch hier wieder einen Bruchteil von der Tradition abwich und seine Taschenuhr nicht in der Westen- oder Jackettasche verwahrte, sondern in die Hosentasche stopfte, fand sie genauso konsequent wie sein Schuhzeug. Keine Frage: Der Schwarzwald hatte in Sachen Männerwelt offenbar mehr zu bieten als erwartet.

Mittlerweile hatten Paul und Giovanna die Produktionshalle betreten. Der plötzliche Lärm wies darauf hin, dass ein Teil der Maschinen noch lief. Giovanna versuchte sich zu orientieren, während Paul mit zügigen Schritten vorausging. Soweit sie erkennen konnte, befanden sie sich hier in der Endmontage. Fast fertige Geräte standen in einer Ecke säuberlich aufgereiht, davor stapelten sich Körbe mit Zubehör. Doch viele Förderbänder standen still, die meisten Mitarbeiter waren offenbar schon in den Feierabend gegangen.

Am anderen Ende der Halle saß ein junger und gut aussehender Mann vertieft in einen Computerbildschirm in einem durch Glaswände abgetrennten Büro. Zielstrebig steuerte Paul darauf zu und schob Giovanna durch die Tür.

»Guten Abend, Harald, darf ich Dir unsere neue Marketingassistentin vorstellen? Das ist Giovanna Rossini, die in zwei Wochen bei uns anfangen wird. Frau Rossini, unser bester Techniker im Hause – Dr. Harald Metzler.«

Erfreut ergriff Giovanna die ausgestreckte Hand des technischen Leiters, der sich von seinem Stuhl erhoben hatte. Metzler strahlte sie an und musterte sie dabei ausgiebig. »Das ist aber eine Überraschung.« Seine ruhige Stimme mit dem leicht schwäbelnden Tonfall passte gut zu dem festen Händedruck. Er war Giovanna sofort sympathisch. Lächelnd nahm sie zur Kenntnis, dass auch

Metzler durchaus als gut aussehend zu bezeichnen war. Er war mittelgroß, hatte gepflegte braune Haare, die er deutlich kürzer als sein Chef trug und wirkte ausgesprochen sportlich. Seine Kleidung stammte eindeutig aus renommierten Modehäusern und war geschmackvoll dezent bis hin zur Krawatte. Unwillkürlich fiel Giovannas Blick auf seine Schuhe, die sich als edle Lederstücke aus Italien entpuppten. Offenbar hatte Paul mit seinen Flipflops hier bislang keinen missionarischen Erfolg.

Metzler waren die Blicke der neuen Mitarbeiterin nicht entgangen. Neugierig geworden erkundigte er sich bei ihr, wie es sie ausgerechnet in den Schwarzwald verschlagen hatte.

Bereitwillig gab ihm Giovanna Auskunft und schilderte, wie sie über einen alten Firmenpartner in Kontakt zu einem ehemaligen Geschäftsfreund von Paul Wieland senior gekommen war. Dieser hatte ihr dann von der Marketingvakanz in der Fahrradmanufaktur erzählt – und sie hatte sich spontan beworben.

»Signora Rossini war in Mailand bei BodyTop tätig, Harald«, ergänzte Paul ihre Ausführungen. Verblüfft hielt Metzler inne. Eine Marketingassistentin von der Konkurrenz – war Paul jetzt völlig übergeschnappt? Andererseits konnte man von ihr wahrscheinlich viel lernen – bei der Erfolgsstory. »Wollen Sie uns zeigen, wie man mit Marketing den Weltmarkt aufmischt?«

Was offenbar als kleiner Scherz des Technikers gemeint war, wirkte eher angestrengt – auch Giovanna war die leise Missstimmung, die plötzlich im Raum lag, nicht entgangen. Betont locker und unverfänglich formulierte sie ihre Antwort: »Nein, nein, um Gottes willen! Sie sind hier ja auch völlig anders positioniert.«

Metzler blickte sie aufmerksam an, während er wieder das Wort ergriff. »Kein Wunder, wir haben ja auch nicht einmal annähernd die Produktionskapazitäten wie BodyTop.« Er kam hinter seinem Schreibtisch hervor und lehnte sich an die Tischkante. »Wenn wir allerdings endlich unsere Anlagen modernisieren würden, könnten wir deutlich mehr erreichen – obwohl wir hier in der Provinz arbeiten«, fuhr er mit bestimmten Worten fort.

Ehe Giovanna etwas dazu sagen konnte, hatte sich Paul Wieland in das Gespräch eingemischt. »Mensch, Harald, glaubst Du immer noch an das alleinige Heil in der Produktion? Hast Du nicht mittlerweile auch erkannt, wie gut wir in den letzten Jahren mit unserer Marketingstrategie und der konsequenten

Zielgruppenausrichtung gefahren sind?« Paul seufzte. »Du bist wirklich unverbesserlich.«

Metzler lächelte gequält. »Frau Rossini, Sie sind soeben Zeuge unseres alltäglichen Richtungsstreites geworden.« Mit verschwörerischer Miene fixierte er dann ihre tiefblauen Augen. »Entscheiden Sie in ein paar Wochen einfach selbst, wo Sie stehen. Und wenn Sie Fragen haben oder Hilfe brauchen, können Sie sich selbstverständlich vertrauensvoll an mich wenden.«

Er nickte Giovanna und Paul noch einmal freundlich zu und nahm dann wieder hinter seinem Schreibtisch Platz. Während sie sein Büro verließen, hackte er bereits eifrig auf die Tastatur seines Rechners ein.

»Und nun?« Fragend drehte Giovanna sich zu Paul um, der ihr höflicherweise den Vortritt aus dem Büro gelassen hatte.

Paul zwinkerte ihr zu. »Jetzt lernen Sie den nettesten Menschen des ganzen Unternehmens kennen – Hans-Peter Schröttle, unseren Chefentwickler.«

Sie verließen die mittlerweile nur noch spärlich beleuchtete Produktionshalle durch den breiten Mittelgang. Im Vorbeigehen erläuterte Paul seiner neuen Marketingassistentin in groben Zügen die Anordnung der Fertigungsläufe. Giovanna war beeindruckt, wie viele verschiedene Einzelschritte hier auf relativ engem Raum realisiert wurden, wenngleich sie sich noch keine Details wirklich merken konnte. Zu viel Neues prasselte auf sie ein.

Sie betraten wieder das imposante Hauptgebäude der Wieland Fahrradmanufaktur und liefen das geräumige Treppenhaus bis zum zweiten Stock hinauf. Alles war dunkel, nur aus einem der Dachgeschoss-Büros drang noch Licht. Gespannt folgte Giovanna ihrem neuen Chef.

»Willkommen bei Daniel Düsentrieb!« Der ältere Herr mit dem umwerfend verknautschten Gesicht und einem abenteuerlichen schwäbischen Singsang begrüßte Giovanna herzlich. Mit seinem weißen Kittel, aus dessen Seitentaschen eine Vielzahl an Werkzeugen, Bleistiften und anderen Utensilien ragte, sah er aus wie ein genialer Erfinder aus einem Kinofilm der fünfziger Jahre. Er gab der jungen Italienerin einen formvollendeten Handkuss und bot ihr sofort einen Stuhl an – den er allerdings zunächst von erheblichen Papierbergen befreien musste.

Verstohlen sah Giovanna sich um. An den Wänden hingen prachtvolle Bleistift- und Tuschezeichnungen von Getrieben, undefinierbaren Objekten und technischen Details, die sie nicht zuordnen konnte. Einen Computer suchten ihre Augen vergebens.

Als hätte er ihre Gedanken erraten, gab Schröttle sofort zu, den Anschluss an das Computerzeitalter verpasst zu haben. »Dafür bin ich einfach zu alt, schöne Frau, und es geht ja auch ohne.« Er machte eine ausladende Handbewegung. »In all diesen Büros um mich herum arbeiten junge Forscher und Entwickler mit modernsten Computerprogrammen – und sie haben sich daran gewöhnt, dass es meine Entwürfe nur als klassische Zeichnungen gibt. Wir schaffen einfach Hand in Hand – und es klappt.«

Giovanna hatte einige Mühe, den breiten schwäbischen Dialekt Schröttles zu verstehen und musste sich sehr konzentrieren. Trotzdem war ihr sofort klar, was Paul meinte, als er so nett über Schröttle gesprochen hatte. Dieser untersetzte Erfinder mit der großen Nase und einer verblüffenden Ähnlichkeit mit Jean Gabin war der Inbegriff eines sympathischen und stets wohlwollenden väterlichen Freundes. Auch Pauls Augen hatten einen warmen Glanz bekommen, als er Schröttle nun gegenüberstand.

Im nachfolgenden Gespräch erfuhr Giovanna, dass Schröttle die Wieland Fahrradmanufaktur mit seinen Ideen seit den sechziger Jahren mehrmals vor dem Untergang gerettet hat. Er genoss deshalb nicht nur das besondere Vertrauen des verstorbenen Seniors, sondern hatte auch ein ausgesprochen inniges Verhältnis zum jetzigen Chef. »Und das Tollste ist«, schloss Paul seine Lobeshymnen, »dass Herr Schröttle es geschafft hat, auch der langjährigen Tradition des Unternehmens einen würdigen Rahmen zu geben.«

Ehe Giovanna nachfragen konnte, was Paul damit meinte, winkte Schröttle sie zur Tür und schob sie sanft aus seinem Büro. »Kommen Sie, kommen Sie, junge Frau, ich zeig Ihnen etwas.« Der Tüftler führte Giovanna die Treppen hinunter in den ersten Stock, Paul folgte ihnen. An der Stirnseite des langen Ganges öffnete er eine Tür, schaltete das Licht an und verbeugte sich vor Giovanna wie ein Zirkusdirektor. »Darf ich vorstellen? 150 Jahre Wieland Fahrradmanufaktur!«

Mit weit aufgerissenen Augen schaute Giovanna sich in dem hell erleuchteten Raum um. Rundherum an den Wänden dokumentierten Modelle von Landmaschinen und Fahrrädern aller Art und jeden Alters, dass sie in Zukunft in einem alteingesessenen Traditionsunternehmen arbeiten würde. Sie traute ihren Augen kaum, als sie regelrechte Schätze entdeckte: Damenfahrräder aus Uromas Zeiten, alte Fotos, auf denen sie neben Konrad Adenauer auch einen Schnappschuss einer österreichischen Erzherzogin auf einem Wieland-Fahrrad ausmachte – und natürlich all die Patente, mit denen das Unternehmen auch schwierigste politische und wirtschaftliche Zeiten überstanden hatte.

In einer Ecke des Raumes hing eine imposante Ahnengalerie an der Wand. Schröttle und Wieland erläuterten ihr, wie die einzelnen Unternehmer der Familie die Firma geprägt hatten. Allerdings war dies kein leichtes Unterfangen – trugen doch beinahe alle von ihnen den Vornamen Paul und wurden irgendwann vom Junior zum Senior. Am Ende mussten sie gemeinsam vor den Fotos lachen.

Giovanna wurde in diesem von Schröttle liebevoll zusammengetragenen Firmenmuseum schlagartig bewusst, dass die Entwicklung der Wieland Fahrradmanufaktur vom Landmaschinenhersteller über den Fahrradproduzenten bis hin zum modernen Entwickler von Fitnessgeräten kein Zufall war, sondern dass sich dahinter eine durchdachte Strategie verbarg, die über alle Generationen hinweg trug. Sicher, die Abkehr von den Landmaschinen zu Anfang des Jahrhunderts mochte noch von der Gewissheit entschieden worden sein, dass in der allgemeinen Mobilität die Zukunft der Menschheit lag. Doch die Einstellung der Produktion von an sich erfolgreichen Drahteseln zugunsten der nicht-mobilen Treter war eine Entscheidung, die Giovanna brennend interessierte – zumal sie erst in den vergangenen fünf Jahren erfolgt war.

»Sagen Sie, Herr Wieland, soweit ich weiß, liefen die Damenfahrräder aus Nagold doch ausgezeichnet, oder? Wieso haben Sie sich dann nach Ihrem Einstieg in das Unternehmen dem Fitness-Markt zugewandt?«

Paul erkannte sofort, worauf sie hinauswollte. »Als Marketingexpertin vermissen Sie natürlich die Strategie dahinter, nicht wahr, Signora Rossini?« Er lächelte geheimnisvoll und tauschte mit Schröttle einen vielsagenden Blick. Dann nahm er ihren Arm, führte sie zu den ältesten Exponaten der kleinen Ausstellung und erläuterte ihr sein rundum durchdachtes und fundiertes Konzept.

»Beginnen wir mit den ersten Fahrrädern: Man brauchte sie, um unabhängiger und mobiler zu werden, ganz klar. Die Räder wurden im Laufe der Jahrzehnte immer besser, erhielten effektivere Übersetzungen, dann Gangschaltungen.« Er machte eine kurze Pause, um sich zu vergewissern, dass Giovanna ihm folgen konnte. Doch sie hörte ihm konzentriert zu und nickte.

»Irgendwann stellte man dann fest, dass vor allem Frauen das Fahrrad benutzten, um ihre Mobilität zu erhöhen«, fuhr er engagiert fort. »Also haben wir auf die Anforderungen des Marktes reagiert und hochwertige Damenfahrräder produziert – mit Erfolg.«

Giovanna unterbrach ihn. »Aber Sie wollen mir jetzt nicht erzählen, dass Ihre neuen Fahrradergometer die Mobilität der Menschen noch weiter verbessern können, oder?« Sie lächelte ihn herausfordernd an.

Paul ließ sich nicht aus der Ruhe bringen. »Aber doch, natürlich.« Er genoss ihre Verblüffung sichtlich. Auch Schröttle war nun näher gekommen, um das Gespräch der beiden besser verfolgen zu können. Außerdem interessierte ihn, inwieweit die junge Frau und Paul inhaltlich auf einer Linie lagen – immerhin hatte er selbst einige Zeit benötigt, um die Entscheidungen seines jungen Vorgesetzten wirklich nachvollziehen zu können.

»Sehen Sie, Signora Rossini, das mit der Mobilität hat sich in den vergangenen Jahrzehnten doch entscheidend verändert.« Paul lehnte sich zwischen zwei Klapprädern aus den Siebzigern mit dem Rücken an die Wand. »Für richtige Bewegung, die nicht nur unseren Körper trainiert, sondern uns gleichzeitig von einem Ort zum nächsten bringt, ist in unserem Alltag doch nur noch bedingt Raum. Und gerade Frauen spüren das besonders: Zum Einkaufen nutzen sie heutzutage das Auto – und Sport treiben sie vorzugsweise ...«

»... im Fitness-Studio, Sie haben Recht«, ergänzte Giovanna lachend. »Klar, da sind Sie auf einen allgemeinen Trend mit aufgesprungen, das macht Sinn. Nur warum haben Sie mit der Produktion von Damenfahrrädern komplett aufgehört, obwohl Sie nach wie vor gute Umsätze verzeichnen konnten? Das verstehe ich nicht.«

Paul schmunzelte, Giovanna war offenbar gut über die Geschäftszahlen der letzten Jahre informiert. Und ihre Frage war berechtigt – stellte dieses Detail doch das größte Hindernis im Veränderungsprozess der Firma dar. Ausführlich schilderte er ihr, wie schwer es war, die Belegschaft davon zu überzeugen, dass nur eine konsequente Marketingstrategie langfristig zum Erfolg führen konnte. Ein bisschen Fahrrad und ein bisschen Fitness – das schien Paul bei dem damals noch verhältnismäßig geringen Marktanteil gegenüber der Konkurrenz inkonsequent und falsch. Da er aber gleichzeitig keine Lust verspürte, Jahr für Jahr neue, trendige Produkte auf den Markt zu schwemmen, wie es zum Beispiel BodyTop sehr erfolgreich tat, tüftelte er gemeinsam mit Schröttle und einem anfangs ausgesprochen skeptischen Harald Metzler eine Strategie aus, die optimal auf die Schwarzwälder Verhältnisse und die tatsächlichen Anforderungen des Marktes zugeschnitten war.

»Und auf welche Erkenntnisse stützt sich Ihre Strategie?« Giovanna wollte es nun ganz genau wissen.

»Oh, das ist eigentlich ganz einfach.« Paul führte Giovanna zu einem seiner neuesten Produkte: einem Hochleistungs-Fahrradergometer speziell für Menschen mit Rückenproblemen. »Schauen Sie: Die meisten Geräte dieser Art sind unglaublich trendy und effektiv – dabei aber leider kolossal unbequem. Und genau hier kommen unsere Erfahrungen aus dem Fahrradbau ins Spiel, sieht man einmal von der Tretdynamik ab. Denn unsere Geräte besitzen überdurchschnittlich hohen Sitzkomfort und sind damit alles andere als Hightech-Folterbänke für Fitness-Studios im Jugendwahn. Ergonomie und Bequemlichkeit heißen die Schlüssel zum Erfolg – und glauben Sie mir«, er schaute Giovanna tief in die Augen, »unsere treuen Kunden wissen das zu schätzen.«

Giovanna hatte seinen Worten aufmerksam gelauscht. Das war also die berühmte Nische, die Wieland für sich entdeckt hatte. Gar nicht schlecht. Hochmoderne Geräte mit bewährten Eigenschaften – die Rechnung ging auf. Ohne es zu merken, strich sie mit ihrer rechten Hand über den Rahmen des Fahrradergometers, der aus gebürstetem Edelstahl gefertigt war.

»Sehen Sie«, kommentierte nun Schröttle ihre unbewusste Bewegung, »und schon haben Sie ein weiteres Prinzip unserer Strategie verstanden.«

Fragend drehte Giovanna sich um. Was meinte er nur damit?

Bereitwillig klärte Schröttle sie auf, wobei sie wiederum erhebliche Schwierigkeiten mit seinem Dialekt hatte. »Wissen Sie, junge Frau, wir produzieren nur Geräte, die wirklich schön sind. Und schön heißt für uns nicht nur ‚schön gestaltet', sondern vor allem auch ‚schön anzufassen'. Denn die haptische Komponente, davon sind wir hier mittlerweile alle überzeugt, spielt eine nicht zu unterschätzende Rolle in dieser Branche.« Mit einem verschmitzten Lächeln fragte er Giovanna: »Und, wie fühlt es sich an?«

Giovanna errötete leicht, obwohl sie eigentlich nichts Verfängliches in der Frage feststellen konnte. Irgendwie war es ihr jedoch peinlich, dabei erwischt zu werden, ein Fitnessgerät zu streicheln. Sie murmelte eine freundliche Antwort und ließ ihren Blick durch den Raum schweifen.

Paul reagierte feinfühlig und schnell.

»So, Hans-Peter, nun ist es aber spät geworden. Frau Rossini sehnt sich sicherlich nach ihrem wohlverdienten Hotelbett. Wir sehen uns morgen.« Auch Giovanna verabschiedete sich von dem netten Tüftler und schritt dann an der Seite von Paul die Treppen hinab.

»Wo sind Sie eigentlich abgestiegen? In der Krone oder im Goldenen Hirschen?« Giovanna erstarrte. Diese Frage hatte sie unbedingt vermeiden wollen. Doch Paul ließ nicht nach. Während er sie auf den Parkplatz begleitete, bot er ihr an, vorauszufahren – damit sie heil und sicher ankäme. Immerhin war es bereits nach einundzwanzig Uhr und die unbeleuchteten Waldstraßen waren nicht so angenehm für Ortsfremde.

Giovanna blieb nichts anderes übrig. Sie holte tief Luft und gestand ihm ihr Dilemma mit dem fehlenden Zimmer. Dabei sah sie ihn derart bekümmert und zerknirscht an, dass er lachen musste. Diese Italienerin war wirklich eine komische Nummer: kam perfekt vorbereitet zum Einstellungsgespräch – und vergaß dabei, sich ein Bett für die Nacht zu besorgen.

»Tja, um diese Uhrzeit haben Sie hier aber schlechte Karten«, grinste Paul sie an. »Ich könnte Sie vielleicht notdürftig in unserem Krankenzimmer unterbringen, aber ...«

Doch als er Giovannas erschrockenes Gesicht sah, hörte er sofort auf mit seinen Sticheleien. »Nein, um Gottes willen, lassen Sie sich nicht von meinen Albernheiten verunsichern. Kommen Sie, ich fahre voraus und bringe Sie in den Goldenen Hirschen. Da bekommen Sie jetzt garantiert noch ein Zimmer.«

Und so kam es, dass Giovanna noch einmal vor dem zweifelsohne wohlverdienten Schlaf kurzfristig ein unerwartetes Heimatgefühl beschlich, als sie hinter dem lauten und ziemlich klapprigen alten Alfa Spider ihres neuen Arbeitgebers auf abenteuerlichen Straßen durch den tiefsten Schwarzwald kurvte. Italien war näher, als sie dachte.

*

Die zweite Todsünde des Marketing:

Keine Strategie oder „stuck-in-the-middle"

Die Marketingstrategie ist eine bestimmte, zeitlich genau festgelegte Verhaltensweise, mit der man auf einem genau definierten Markt erfolgreich sein will. Fehlt eine solche Strategie, können beispielsweise definierte Umsatz- und Absatzziele nicht optimal erreicht werden. Dabei kommt es auch darauf an, eine einmal ergriffene Marketingstrategie – unter Beachtung von Marktveränderungen versteht sich – konsequent zu Ende zu führen und nicht etwa, zum Beispiel aus Kostengründen oder weil eine andere Idee reizvoller erscheint, im so genannten „Stuck-in-the-middle-Effekt" ergebnislos zu enden.

Das hat der junge Wieland auch gleich zu Beginn richtig erkannt: Der sich ändernde Markt wäre ihm langfristig weggebrochen und das vorhandene hervorragende Fertigungs-Know-how durch mangelnde Absatzmöglichkeiten wertlos geworden. So hat er sich für die konsequente strategische Neuausrichtung seines Unternehmens entschieden – mit einer klaren Differenzierung zum Wettbewerb und der Konzentration auf ein exakt definiertes Marktsegment.

Dadurch kann er nicht nur die Kapazitäten der Wieland Fahrradmanufaktur optimal auslasten, sondern vor allem den Erfahrungsvorsprung der Schwarzwälder bei der Produktion bequemer Geräte optimal ausspielen. Und der Erfolg der strikten Orientierung an den veränderten Bedürfnissen seiner Zielgruppe gibt ihm Recht. Generell wird im Marketing zwischen verschiedenen Strategiemöglichkeiten unterschieden:

1. Die **Differenzierungsstrategie** zeichnet sich dadurch aus, dass ein Unternehmen durch die ergriffenen Maßnahmen versucht, sich möglichst stark von der Konkurrenz abzuheben.
2. Die **Anpassungsstrategie** besteht darin, sich im Verhalten an die Konkurrenz im Markt anzugleichen und im allgemeinen Trend „mitzuschwimmen".

3. Die **undifferenzierte Marketingstrategie** versucht aus ökonomischen Gründen, den Gesamtmarkt oder große Teile des Marktes mit ein und derselben Strategie zu erreichen.
4. Die **differenzierte Marketingstrategie** hingegen unterteilt den Gesamtmarkt in unterschiedliche Marktsegmente, die dann zum Beispiel mit unterschiedlichen Produkten beliefert und mit verschiedenen Strategien bearbeitet werden.
5. Die **konzentrierte Marketingstrategie** beschränkt sich auf wenige Marktsegmente und versucht, diese mit einer genau darauf abgestimmten Strategie zu bearbeiten.

Darüber hinaus gibt es noch eine ganze Reihe von Strategiemöglichkeiten für Einzelaspekte: So ist es beispielsweise nützlich, sich Gedanken darüber zu machen, wie sich ein Unternehmen entwickeln will. Sind die gesamtwirtschaftlichen und branchenspezifischen Rahmenbedingungen günstig, kann eine **Wachstumsstrategie** angestrebt werden. Soll ein Unternehmen hingegen konsolidiert werden, muss eine **Stabilisierungsstrategie** gewählt werden. Und bei ungünstigen Voraussetzungen kann mitunter eine **Schrumpfungsstrategie** dabei helfen, ein Unternehmen am Leben zu erhalten.

Auch im Bereich des Wettbewerbs gibt es eine Reihe unterschiedlicher Strategieoptionen: etwa die **Strategie der Kostenführerschaft**, die **Differenzierungsstrategie** oder die **Konzentrationsstrategie**, die bestimmte Schwerpunkte fokussiert.

Zugleich gibt es auch verschiedene **Produktstrategien**:

1. Die **Marktdurchdringungsstrategie** (wenn sowohl das Produkt wie auch der Markt schon bestehen)
2. Die **Marktentwicklungsstrategie** (bei bestehenden Produkten und neuen Märkten)
3. Die **Produktentwicklungsstrategie** (bei neuen Produkten auf bestehenden Märkten)
4. Die **Diversifikationsstrategie** (bei neuen Produkten auf neuen Märkten)

Siehe auch Bilder 1.2 „Marktstrategien" und 1.3 „Kennzeichen und Handlungsoptionen im Produktlebenszyklus" (Seiten 155, 156–157).

Die ersten Wochen

»Rumm-tata-rumm, rumm-tata-rumm.« Was in Gottes Namen war das? Knurrend wühlte Giovanna sich tiefer in ihr Kopfkissen. »Rumm-tata-rumm, rumm-tata-rumm.«

Es war einfach nicht zu fassen. Diese Deutschen. Oder besser: diese Schwarzwälder! »Rumm-tata-ti-tata-rumm.« Der Lärm näherte sich unaufhörlich. Eine Blaskapelle mit erheblicher Paukenunterstützung, so weit konnte Giovanna das Spektakel, das sie aus dem Tiefschlaf gerissen hatte, bereits deuten. Dabei war sie so müde. Mit beiden Händen presste sie ihr Kissen auf den Kopf. Doch es dämpfte den Lärm lediglich, mehr nicht.

Seufzend richtete Giovanna sich auf und blinzelte hinüber zu ihrem Wecker. Halb neun, also mitten in der Nacht. Es war Sonntag – das konnte doch nicht wahr sein! Sie schüttelte den Kopf, schloss die Augen noch einmal und wagte einen erneuten Versuch. Unerbittlich zeigte die Uhr dieselbe Zeit an, Irrtum ausgeschlossen. Immerhin handelte es sich um einen Funkwecker, ein deutsches Qualitätsprodukt. Und ein Geschenk von Harald Metzler, das er ihr nach drei Wochen bei der Wieland Fahrradmanufaktur augenzwinkernd in die Hand gedrückt hatte, nachdem sie das dritte Mal nicht ganz pünktlich aus den Federn gekommen war. Nett gemeint, da war sich Giovanna ganz sicher, aber nicht gerade das, was man sich unter einer kleinen Aufmerksamkeit vorstellt. Sie zumindest nicht.

Stöhnend ging Giovanna zum Fenster. Unten auf der Straße zog eine Musikkapelle vorbei, flankiert von zahlreichen gut gelaunten Bürgerinnen und Bürgern des Städtchens in Festkleidung oder Tracht. Zum dritten Mal erlebte sie diesen Aufmarsch nun schon, seit sie nach Nagold gezogen war – verstehen konnte sie es immer noch nicht. Einmal ganz zu schweigen vom Anlass: Die vielen unterschiedlichen Festtage der örtlichen Musik- oder Heimatvereine würde sie sich wohl nie merken können. Aber immerhin schien die Sonne und es würde ein warmer Sommertag werden.

Sehnsüchtig betrachtete sie ihr einladendes Bett. Heute hätte sie endlich einmal ausschlafen können. Giovanna schnaubte wütend und ließ sich wieder rückwärts auf ihr Bett fallen. Vielleicht war es ja doch keine so gute Idee gewesen, diese Wohnung mitten im Zentrum des Städtchens zu wählen. Missmutig starrte sie an die Decke.

»Es ist fast ein wenig wie in Italien, junge Frau«, hatte ihre Vermieterin, eine rüstige ältere Witwe, beteuert. »All die netten Eiscafés hier unten.« Und anschließend hatte sie Giovanna in einen entzückenden Garten geführt, der sich hinter dem Häuschen erstaunlich weit erstreckte – genau so, wie sich die Italienerin die perfekte deutsche Idylle stets vorstellte: mit einer riesigen Trauerweide am Rande eines kleinen Teiches, darunter die unvermeidliche Parkbank und natürlich Rosen, wohin auch immer das Auge blickte. Spätestens hier war Giovanna klar geworden, dass dies ihr neues Zuhause werden würde – und eigentlich hatte sie es bislang nicht bereut, sah man einmal von der gelegentlichen Ruhestörung ab.

Energisch schwang sie sich aus dem Bett. Dann würde sie eben früh aufstehen. Nach einer ausführlichen Dusche trat sie mit rosig schimmernder Haut und rundum erfrischt vor ihren Badezimmerspiegel. Mit einer geübten Handbewegung setzte sie sich ihre Kontaktlinsen ein und musterte ihr Spiegelbild nachdenklich. »Schwarzwälder Kirschtorte« nannte Herbert Löhlein, der Portier, sie insgeheim, das war ihr mittlerweile von einer netten Kollegin – natürlich unter dem Siegel absoluter Verschwiegenheit – zugeflüstert worden. Sie zog die Augenbrauen hoch. Irgendwie hatte der freundliche ältere Herr Recht: Ihre Haut machte wirklich keinerlei Anstalten, sich unter Sonneneinwirkung zu verfärben und behielt ihre sahnig-weiße Tönung – lediglich ein paar vereinzelte Sommersprossen um die Nase herum störten das ebenmäßige Bild. Dazu das von Natur aus dunkle Rot ihrer Lippen und ihre schwarzen Haare – typisch italienisch war das wirklich nicht. Und woher die blauen Augen kamen, wusste nicht einmal ihre Mutter.

Giovanna schürzte die Lippen. Eigentlich war sie sehr zufrieden mit ihrem Äußeren. Sie konnte essen, was sie wollte, ohne zuzunehmen – und dass sie ziemlich unsportlich war, sah man ihr wirklich nicht an. Im Übrigen war sie sich gar nicht so sicher, ob ein durchtrainierter Astralkörper für eine Frau wirklich erstrebenswert war. Ein überraschendes Zusammentreffen mit Silvia, der Ex-Freundin ihres Chefs, hatte vor einigen Wochen ihre diesbezüglich idealisierten Vorstellungen erheblich ins Wanken gebracht. Zugegeben: Silvia war groß, eine auffallende Erscheinung und stets gut gebräunt – aber eigentlich, fand Giovanna, sah die junge Frau aus wie ein muskulöses Pferd. Was Paul nur an ihr fand?

Während Giovanna sich genussvoll eincremte und danach ihre Zähne putzte, kreisten ihre Gedanken um ihren jungen Chef. Sie wurde einfach nicht ganz schlau aus ihm. Einerseits ging er ausgesprochen locker mit ihr um und ließ ihr in den meisten Dingen freie Hand – andererseits schien er an manchen Tagen für ihren Charme völlig unempfänglich, geradezu distanziert. Nur bei Sachthemen rund um ihren Job taute er auf und verbiss sich geradezu leidenschaftlich in hitzige Diskussionen mit ihr.

Diese Tage liebte Giovanna besonders. Denn in solchen Gesprächen erfuhr sie mehr über die Wieland Fahrradmanufaktur und ihren Chef als in einer Woche Schreibtischarbeit. Paul verstand es ausgezeichnet, sie für die Marketingarbeit in seinem Sinne zu begeistern und ihr klar zu machen, dass ihre gemeinsame Arbeit von zentraler Bedeutung für das Unternehmen war.

Bei BodyTop hatte man dies ganz anders gesehen. Denn dort legte man zwar ebenfalls großen Wert auf Marketing, doch wurde dieser gesamte Bereich zentral vom Konzernsitz in Denver aus geleitet. Aus Sicht ihres alten Arbeitgebers verstand Giovanna diese Entscheidung – ging es doch darum, die Corporate Identity weltweit einheitlich zu kommunizieren. Außerdem gab der Gesamtmarkt wirklich genug her, so dass man individuelle Interessen von potenziellen Teilmärkten locker ignorieren konnte, das hatte Giovanna immer eingesehen. Und nun behauptete hier in der deutschen Provinz ein Paul Wieland etwas ganz anderes.

Giovanna spuckte den Zahnpastaschaum energisch ins Waschbecken und spülte sich den Mund aus. Das letzte Telefonat mit John K. Rodman vor zwei Wochen war nicht sehr angenehm gewesen. Sie hatte versucht, ihrem heimlichen Gönner und Auftraggeber in Denver zu erklären, wie der Hase hier im Schwarzwald lief, doch war damit kläglich gescheitert. Denn erstens konnte oder wollte der Big Boss offenbar nicht verstehen, wieso die strategische Ausrichtung der Wieland Fahrradmanufaktur so anders war als bei BodyTop. Und zweitens war Giovanna auch nicht in der Lage, die Gesamtzusammenhänge so zu erklären, dass Rodman sie verstand.

Stotternd hatte sie versucht, etwas von »haptischer Qualität« und »Bequemlichkeit« anzuführen, doch sie war von Rodman barsch unterbrochen worden. »Bringen Sie Ihre Ergebnisse zu Papier – aber bitte etwas übersichtlicher«, hatte er sie angeraunzt. »Und stellen Sie mehr Fragen, offenbar ist das nötig!« Abschließend hatte er sie zum erneuten Rapport in vierzehn Tagen aufgefordert. Giovanna stöhnte innerlich.

Nach dem Telefonat mit Rodman war sie aufgewühlt in ihrer Wohnung auf und ab gelaufen. Einerseits fühlte sie sich ärgerlich abgekanzelt, andererseits quälte sie ihr schlechtes Gewissen. Zum ersten Mal hatte sie versucht, wirklich relevante Interna an die Konkurrenz weiterzugeben und war dabei nicht nur kläglich gescheitert, sondern hatte sich zudem elend gefühlt. Nur wie sollte sie aus diesem Dilemma herauskommen?

Mit einer energischen Handbewegung wischte Giovanna die unangenehmen Gedanken weg. Heute war Sonntag und ihr freier Tag – da wollte sie nicht an die Kehrseiten ihres Jobs denken – zumal der Anruf bei Rodman erst am Montagmorgen fällig war. Außerdem hatte sie heute noch eine Verabredung, auf die sie sich richtig freute: Harald Metzler wollte mit ihr nach Stuttgart in die Staatsgalerie fahren, um sich gemeinsam mit ihr eine Giacometti-Ausstellung anzuschauen. Um zwölf sollten sie sich bei ihm treffen – und Giovanna würde so erstmals die Gelegenheit haben, seine Wohnung kennen zu lernen. Darauf war sie ausgesprochen neugierig, da sie davon überzeugt war, dass nichts mehr über einen Menschen aussagt als die Dinge, mit denen er sich umgibt. Und für den attraktiven technischen Leiter interessierte sie sich durchaus.

Doch bis dahin hatte sie nun noch viel Zeit. Langsam schlenderte sie zum Kleiderschrank. Sie entschied sich für ein dezentes ärmelloses schwarzes Leinenkleid, knielang und mit tiefem Rückenausschnitt. Dazu die halbhohen und an der Ferse offenen Lederpumps – fertig. Dann beschloss sie, ein wenig aufzuräumen, in aller Ruhe Musik zu hören und endlich einmal wieder in aller Ruhe zu frühstücken.

Drei Stunden später machte Giovanna sich zu Fuß auf den Weg zu Harald Metzler. Er wohnte nur wenige Straßen entfernt in einer hochmodernen Dachgeschoss-Maisonette-Wohnung eines strahlend weiß verputzten Neubaus. Neugierig blickte Giovanna an dem Gebäude empor. Edelstahl und viele Fenster dominierten die Fassade, das ließ auf lichtdurchflutete Räume schließen. Geschmack schien Metzler nun wirklich zu haben.

Giovannas Erwartungen wurden nicht enttäuscht: Metzler hatte in der Tat ein sicheres Gefühl für Einrichtung und Stil. Und er besaß offenbar eine deutliche Affinität zu den achtziger Jahren – viel Chrom und Leder sprachen für sich. In Kombination mit ausgewählten Antiquitäten und herrlichen Teppichen fand Giovanna sich in einem Ambiente wieder, das ihr gut gefiel. Alles sah sehr ordentlich und funktional aus, ohne unnatürlich zu wirken. Außerdem war Harald ein Technik-Freak – seine zahlreichen Hi-Fi-Geräte und die gesamte Halogen-Beleuchtung waren ein deutliches Zeichen. Nicht schlecht. Spontan machte Giovanna ihrer Begeisterung Luft: »Signore Metzler, Sie haben eine tolle Wohnung!«

»Finden Sie wirklich? Das freut mich.« Ein wenig verlegen, aber gleichzeitig mit einem stolzen Lächeln im Gesicht machte er eine einladende Armbewegung. »Fühlen Sie sich ganz wie zu Hause, Signora Rossini. Mein bescheidenes Heim genießt es, Gastgeber einer attraktiven Frau zu sein – es kommt ohnehin viel zu selten vor!«

Giovanna zog erstaunt die Augenbrauen hoch. Soweit sie wusste, war Metzler seit Jahren fest liiert. Unauffällig ließ sie ihren Blick über Sideboards, Regale, Tische und Fensterbänke schweifen. Nein, typisch weibliche Einrichtungsaccessoires konnte sie ebenso wenig entdecken wie gerahmte Fotos.

Als hätte Metzler ihre Gedanken erraten, begann er nun aus seinem Privatleben zu plaudern. Er war nicht verheiratet, lebte jedoch mit seiner langjährigen Freundin in einem eheähnlichen Verhältnis. Allerdings konnten sie sich zur Zeit nur jedes zweite Wochenende sehen, da sie momentan ihre Ausbildung zur Rechtsassessorin irgendwo in der Eifel abschloss. »Und deshalb habe ich heute den ganzen Tag Zeit für Sie«, schloss Metzler seine Erläuterungen ab. »Und ehrlich gesagt: Es ist mir alles andere als unrecht. Wollen wir los?«

Erleichtert steuerte Giovanna auf die Wohnungstür zu. Metzler war ihr eben zum ersten Mal deutlich näher getreten als sonst – und sie war sich nicht ganz sicher, ob ihr das wirklich gefiel. Auch jetzt nahm er vertraulich ihren Arm, während er sie hinaus zu seinem Wagen geleitete. Der schnittige, chromblitzende dunkelblaue BMW 5er Touring mit dem dezenten Emblem eines Autotuners der Spitzenklasse auf dem Kühlergrill stand direkt vor dem Haus. In den spiegelnden Fenstern des Wagens nahm Giovanna ihr Spiegelbild an der Seite des gut gekleideten Mannes wahr – zusammen sahen sie aus wie ein perfektes Paar. Giovanna lächelte in sich hinein.

Metzler stand auf sportliche und schnelle Autos, denen man ihr gewaltiges Drehmoment auch ansah, das wusste Giovanna mittlerweile. Irgendwann hatte er sie auf dem Parkplatz der Wieland Fahrradmanufaktur abgepasst, als sie gerade aus ihrem Fiat stieg. Fast mitleidig hatte er sie angegrinst, als sie die praktische Inneneinrichtung ihres Fahrzeuges anpries. »Wissen Sie, Frau Rossini«, gestand er ihr dann augenzwinkernd, »schnelle Autos sind wie schöne Frauen: Man will sie unbedingt haben!« Giovanna hatte sich damals jeglichen weiteren Kommentar verkniffen – zumal sie das Wortspiel nicht ganz nachvollziehen konnte.

Auf der Fahrt nach Stuttgart unterhielten sie sich ausgesprochen nett und entdeckten viele Gemeinsamkeiten. Beiden war eine gepflegte und elegante Erscheinung wichtig, während sie den Stil der siebziger Jahre mit den knallbunten Farben und der Vorliebe für seltsame Materialien zutiefst verabscheuten. Außerdem besaß auch Metzler eine tiefe Abneigung gegen Bergwandern und Geschwindigkeitskontrollen, was das Gespräch mit zahlreichen Anekdoten in heitere Bahnen lenkte.

Gut gelaunt schlenderten sie dann durch die Ausstellung und stellten an zahlreichen Plastiken und Zeichnungen Giacomettis erfreut fest, dass auch ihr ästhetisches Empfinden in Sachen Kunst ähnlich war. Danach nahmen sie auch noch die ständige Sammlung in Augenschein und verbrachten so, ohne es zu bemerken, beinahe sechs Stunden im Museum. Metzler genoss den Ausflug mit Giovanna sichtlich. Offenbar hatte seine Freundin weitaus weniger Freude an kulturellen Events. »Ihre Gesellschaft ist ausgesprochen angenehm, Signora Rossini«, stellte er fest, als sie sich abends ihre Jacken von der freundlichen Garderobiere geben ließen. »Wir sollten öfter etwas gemeinsam unternehmen, was meinen Sie?«

Giovanna zögerte. Zwar machte es ihr ebenfalls großen Spaß, mit ihm den Tag zu verbringen, doch war er fest liiert – und sie wollte da keinesfalls für Unstimmigkeiten sorgen.

Metzler plauderte unterdessen weiter. »Also ich finde, wir sollten uns endlich duzen. Es ist doch wirklich albern, dass wir immer noch per ‚Sie' sind, oder?« Er blieb stehen und sah ihr direkt ins Gesicht. »Wir arbeiten den ganzen Tag zusammen, außerdem gefallen Sie mir und ich würde gerne mehr über Sie wissen. Und ich wäre gerne ab heute für Sie Harald.« Mit einem jungenhaften Lächeln strahlte er sie an.

Giovannas Herz klopfte laut und schnell. Damit hatte sie nicht gerechnet. Allerdings sprach eigentlich nichts dagegen, das förmliche »Sie« abzulegen – zumal sie bei BodyTop durch die amerikanische Unternehmensausrichtung ohnehin einen weniger formalen Umgang gewohnt war. Also zwinkerte sie ihm fröhlich zu. »Warum nicht? Giovanna, bitte nennen Sie mich, ach nein, nenn Du mich ab sofort Giovanna!«

Spontan nahm er sie in den Arm. »Darauf müssen wir anstoßen! Ich schlage vor, wir essen noch etwas gemeinsam. Ich wüsste auch schon, wo ...«

Eine knappe Stunde später bog der dunkle Wagen des technischen Leiters mit einem satten Blubbern auf den Parkplatz des Landgasthofes »Zur alten Nagold« in einem Waldstück vor den Toren des Städtchens ein. An einem sommerlichen Sonntagabend um acht Uhr war die Terrasse gut besucht und Giovanna fragte sich insgeheim, ob sie überhaupt einen Platz finden würden. Der Abend war lau und mild, so dass sich viele dazu entschlossen hatten, ihr Abendessen im Freien zu sich zu nehmen.

»Guten Abend, Harald, was machst Du denn hier? Ach, Sie auch ...?« Während Giovanna und ihr Begleiter sich suchend nach einem freien Tisch umschauten, hörten sie plötzlich eine vertraute Stimme neben sich. Verblüfft wandten sie ihre Köpfe um und erblickten Paul Wieland, der die Neuankömmlinge spöttisch musterte. »Ihr könnt Euch gerne zu uns setzen, hier findet Ihr sonst keinen Platz mehr!« Ohne eine Antwort abzuwarten, war er bereits aufgesprungen und schob Giovanna einen Stuhl zurecht. Ein Ablehnen war ausgeschlossen, dazu hatten sie zu lange gezögert.

Mit einem hilflosen Schulterzucken wandte Giovanna sich Harald zu, doch er lächelte sie ein wenig gequält, aber aufmunternd an. Wahrscheinlich hatte er sich den Verlauf des Abends auch anders vorgestellt. Aber nun war es nicht mehr zu ändern.

Sie saßen kaum, als Silvia, Wielands Ex-Freundin, sich zu ihnen gesellte. Ihrem Gesicht war es mehr als deutlich anzumerken, dass ihr die unerwartete Gesellschaft keinesfalls angenehm war, was Paul allerdings ignorierte. »So eine Überraschung«, begann er das Gespräch, »ist Petra denn dieses Wochenende gar nicht da, Harald?« Giovanna schluckte; das konnte ja heiter werden. Bereits im ersten Satz benahm Paul Wieland sich ausgesprochen unhöflich! Doch Harald antwortete mit souveräner Überlegenheit. »Nein, dieses Wochenende nicht. Und« – er machte eine kunstvolle Pause – »da Giovanna und ich kürzlich unsere gemeinsame Vorliebe für Kunst entdeckt haben, zeige ich ihr jetzt die schönen Seiten des Schwarzwaldes und Schwabenlandes.« Er räusperte sich. »Und die kulinarischen, wie Du unschwer erkennen kannst.« Vertraulich ergriff er Giovannas Hand, die sie ihm jedoch, um etwas in ihrer Tasche zu suchen, schnell wieder entzog. Dennoch hatte Wieland die kleine Geste bemerkt. Sein Blick ruhte forschend auf ihr, was Giovanna die Röte ins Gesicht trieb. Sie fühlte sich sehr unwohl.

Offenbar war Paul ihr Dilemma nicht entgangen. Versöhnlich sprach er sie an. »Und, wie gefällt es Ihnen bei uns? Ich meine nicht im Job, sondern in Ihrer Freizeit?« »Oh, gut, danke.« Wieder spürte Giovanna, dass ihre Wangen vor Verlegenheit brannten. Ruckartig stand sie auf, griff nach ihrer Tasche und murmelte: »Sie entschuldigen mich ...« Dann verschwand sie in Richtung der rettenden Toiletten.

Tief durchatmend stützte Giovanna sich am Waschbeckenrand ab und musterte sich im Spiegel. Hektische rote Flecken an ihrem Hals waren der eindeutige Beweis für ihren inneren Stress. Wieso brachte sie dieses Zusammentreffen von Harald und ihrem Chef nur so aus der Bahn? Harald war ein angenehmer Begleiter, das musste man ihm lassen. Und er gehörte zu den wenigen hier im Schwarzwald, die sich bislang ernsthaft für ihre Person zu interessieren schienen. Immerhin war es doch Paul, der bislang kaum Anstalten gemacht hatte, sie etwas näher kennen zu lernen.

Giovanna ließ sich erfrischend kaltes Wasser über ihre Unterarme laufen und konzentrierte sich darauf, ihre Gedanken zu ordnen. Wenn sie nicht ganz bei der Sache war, würde dieser Abend in einer Katastrophe enden – das spürte sie instinktiv. Die kurzen Blicke der beiden Männer hatten ausgereicht, um ihr innerhalb weniger Sekunden klar zu machen, dass Paul und Harald sich gegenseitig zutiefst ablehnten.

Im Unternehmen war ihr das nie so aufgefallen, denn dort gehörten fachliche Auseinandersetzungen zum guten Ton, selbst wenn es einmal lauter zugehen sollte. Außerdem fanden nicht nur zwischen Paul und seinem technischen Leiter hitzige Diskussionen statt, sondern auch zwischen ihrem Chef und Hans-Peter Schröttle. Allerdings konnte Giovanna in diesem Fall dem Gespräch nicht immer folgen, da Schröttle regelmäßig in den breiten Nagolder Dialekt verfiel. Insbesondere dann, wenn er sich ereiferte.

Seufzend zog Giovanna ihre Lippen nach und fuhr sich mit dem Kamm durch die Haare. Dann würde sie das Gespräch eben ganz elegant auf den Job bringen, so leid es ihr tat. Dies schien, da war sie sich ganz sicher, die einzige Chance, den Abend zu retten. Betont beschwingt kehrte sie zum Tisch zurück.

Überrascht bemerkte sie, dass Silvia verschwunden war. Fragend blickte sie die schweigenden Männer an. Harald verdrehte kaum sichtbar die Augen und verzog den Mund, während Paul lediglich mit den Schultern zuckte, um dann sofort mit der Speisekarte zu wedeln. »Essen Sie gerne Fisch, Signora Rossini? Dann sollten Sie hier unbedingt die Forelle probieren.«

»Äh, ja ...« Verwirrt ließ Giovanna sich an Metzlers Seite nieder und griff nach der Karte. Sie würde sich nicht nach Silvias Verbleib erkundigen, was auch immer in der Zwischenzeit vorgefallen war, das wäre zu indiskret. Sie rückte näher an ihren Begleiter heran und studierte gemeinsam mit ihm das Speisenangebot. Manches musste Harald ihr erklären – schwäbische Hausmannskost war für sie immer noch ein Buch mit sieben Siegeln. Während sie sich über die Vorzüge und Zusammenstellungen der einzelnen Gerichte beraten ließ, konnte sie es sich jedoch nicht verkneifen, ab und zu einen Blick auf ihren Chef zu riskieren. Dabei stellte sie fest, dass er ihr beinahe regungslos gegenübersaß, sie ununterbrochen musterte und ein freches Grinsen seine Lippen umspielte. Giovanna schluckte. Dieser Mensch brachte sie völlig aus dem Konzept. Wenn er doch nur gehen würde.

Doch Paul machte keinerlei Anstalten, Harald und Giovanna in trauter Zweisamkeit allein zu lassen – im Gegenteil: Nachdem sie ihre Bestellungen getätigt hatten, fing er munter an, von der Giacometti-Ausstellung zu plaudern, die er offenbar ebenfalls gut kannte. Erfreut und bereitwillig tauschte Giovanna sich mit ihm aus – stets darum bemüht, auch Harald in das Gespräch einzubeziehen, was nicht ganz einfach war. Als es Giovanna jedoch gelang, über den Umweg der Materialeigenschaften von Bronzeplastiken zum technischen Entwicklungsstand bei der Wieland Fahrradmanufaktur zu gelangen, taute Metzler plötzlich auf. Erleichtert lehnte Giovanna sich zurück. Die beiden Männer redeten sich schnell in Fahrt und hatten ihre Anwesenheit nach wenigen Minuten vollständig vergessen.

Während Giovanna ihre Forelle sezierte – die ihr übrigens ausgesprochen gut schmeckte – wurde die Diskussion der beiden Männer zwischen Käsespätzle, Haralds Leibgericht, und dem Räucherfisch-Teller ihres Chefs deutlich hitziger.

»Mensch, Paul, wir sind doch in der Fitness-Branche – und nicht im Sanitätsfachhandel! Ein Fahrradergometer für Rückenkranke ist doch totaler

Quatsch, einfach überflüssig! Und außerdem: Wie bitte schön passt so ein Gerät in Deine viel gepriesene Strategie?« Harald schüttelte verständnislos den Kopf.

Paul dachte einen Moment nach, ehe er betont ruhig zur Antwort ansetzte: »Also, das sind eigentlich zwei Aspekte, die Du da ansprichst: den Markt an sich und unsere Strategie.« Er nahm seine Gabel in die Hand und begann damit, auf der Tischdecke Kreise anzudeuten. »Schau hier, das ist der Gesamtmarkt.« Er zog ein großes Rund nach. »Hier befinden sich alle Menschen, die irgendetwas mit unserer Branche zu tun haben – angefangen beim Betreiber von Sportzentren bis hin zum verletzten Patienten, der in einer Rehaklinik Krankengymnastik macht.«

Harald sah ihn fragend an. »Ja, und?«

»Pass auf: Unsere Zielgruppen befinden sich vor allem hier, meinetwegen hier am Rand: Es sind meist Frauen zwischen zwanzig und vierzig, die etwas für ihren Körper tun, ohne sich extrem schinden zu wollen. Und auch ein paar Männer, wenngleich der Prozentsatz nicht allzu hoch ist. Mit der Konzentration auf dieses Marktsegment der bequemen Geräte sind wir bislang gut gefahren, ohne den großen Mitbewerbern allzu sehr in die Quere zu kommen. Deswegen lassen sie uns auch noch in Ruhe.«

Bei seinen letzten Worten hatte Paul den Kopf gehoben und Giovanna direkt ins Gesicht geschaut. Scheinbar ungerührt erwiderte sie seinen Blick. Ahnte er etwas von ihrer geheimen Mission? Doch Paul redete bereits weiter.

»Harald, wir wären kurzsichtig und dumm, wenn wir es dabei beließen, verstehst Du? Wir müssen doch auf veränderte Anforderungen des Marktes reagieren – auch wenn es nur Nuancen sind! Und Rückenschmerzen durch Stress und Überarbeitung sind nun einmal ein typisches Gesellschaftsleiden, das wir aus der ‚Versehrtenecke' herausholen und unauffällig in den allgemeinen Fitnessbereich integrieren könnten. Das passt zu unserer Strategie und erschließt ein neues Marktsegment. Und diese Chance sollten wir uns doch nicht entgehen lassen, oder?«

Herausfordernd fixierte Paul seinen technischen Leiter. Doch der winkte nur ab. »Eine kostspielige Neuentwicklung für eine bislang kaum anerkannte Nische? Dann können wir das Geld auch gleich zum Fenster herausschmeißen!« Er beugte sich nach vorne und stützte seine Ellenbogen auf dem Tisch auf. »Ich verstehe es einfach nicht: Warum investierst Du nicht in mehr Hightech, technische Innovation, multifunktionellere Fahrradergometer meinetwegen – und vor allem jüngeres, moderneres Design? Die Amerikaner machen uns seit Jahren erfolgreich vor, wie das geht – und übrigens springt proSport auch gerade auf diesen Trend auf!«

Fragend wanderte Giovannas Blick zwischen den Männern hin und her. Die proSport AG war ein deutscher Mitbewerber mit Sitz in München, das wusste sie natürlich. Außerdem hatte sie vor zwei Jahren für die Dauer einer internationalen Fachmesse in Lissabon eine kurze, aber heftige Affäre mit dem Controller und Marketingvorstand des Unternehmens, Jörg Blothekamp, an die sie sich mit gemischten Gefühlen erinnerte. Damals war es ihr zum ersten und bislang einzigen Mal passiert, dass sie sich einer spontanen Laune hingegeben hatte. Aber es hatte sich gelohnt: Blothekamp sah nicht nur ausgesprochen gut aus, sondern war souverän und unaufdringlich mit der Situation umgegangen, so dass anschließend nichts Peinliches zwischen ihnen stand. Dennoch wich sie ihm seither lieber aus.

Unterdessen bemerkte Harald Giovannas schweigende Frage und erklärte ihr in kurzen Zügen, was er von der Neuausrichtung des Konkurrenten wusste. Nach seinen Informationen konzentrierte man sich an der Isar derzeit darauf, amerikanisches Flair mit deutscher Gründlichkeit zu kombinieren, indem vor allem die Leistungsfähigkeit der Geräte im oberen Level erheblich optimiert werden sollte. Zusammen mit einem komplett neuen Design erwartete man so eine stärkere Nachfrage der großen Fitnessketten – eine Überlegung, die Giovanna durchaus nachvollziehen konnte.

Paul sah das allerdings anders. »Hey, merkt Ihr denn gar nichts?« In seinem Eifer duzte er jetzt auch Giovanna. »Die machen gerade einen Riesenfehler! Das ist blinder Aktionismus! Anstatt ihre ureigene Strategie der soliden technischen Qualität konsequent weiterzuverfolgen, strampeln die sich jetzt auf Märkten ab, die sie gar nicht richtig bedienen können. Woher sollten denn die Produktions- und vor allem Vertriebskapazitäten plötzlich kommen? Das schaffen die doch gar nicht!«

Giovanna überlegte kurz und hakte dann nach: »Aber irgendwie muss die proSport AG doch auch auf Marktveränderungen reagieren, oder?«

»Genau«, setzte Harald nach, »denn ...«

Doch Paul fiel ihm ins Wort. »Aber doch nicht um jeden Preis! Die haben ihre eine Strategie noch nicht zu Ende gebracht und starten ungeduldig schon mit der nächsten durch. Der Schuss muss zwangsläufig nach hinten losgehen!«

»Ha!« Harald baute sich siegessicher vor seinem Vorgesetzten und ehemaligen Schulkameraden auf. »Jetzt sagst Du es doch selbst, oder? Blinder Aktionismus und Ungeduld sind der Fehler.« Er machte eine kunstvolle Pause und lächelte Giovanna aufmunternd an. »Kannst Du uns dann verraten, warum ich mich nun gemeinsam mit unserem Obertüftler Schröttle um Rückenkranke kümmern soll?« Triumphierend starrte er Paul an.

Dieser seufzte tief. »Du hast es wirklich nicht verstanden, stimmt's?« Mitleidig lächelte er Harald an. »Aber ich mache Dir einen Vorschlag: Wir fahren jetzt gemeinsam ins Werk und schauen uns die Zeichnungen von Schröttle an. Der hat nämlich begriffen, wie das Produkt aussehen muss, damit es zu uns passt und trotzdem auch etwas Neues bietet. Oder kennst Du die Zeichnungen schon?« Fragend wandte er sich erneut seinem technischen Leiter zu.

Ehe Harald antworten konnte, mischte sich Giovanna in das Gespräch. »Darf ich mitkommen? Mich würde das auch sehr interessieren.« Außerdem freute sie sich bei dem Gedanken, endlich einmal wieder ungestört in Schröttles heiligen Hallen stöbern zu dürfen.

Doch Harald war von Pauls Vorschlag alles andere als begeistert. Mit scharfem Tonfall machte er Wieland klar, dass er seine Freizeit auf keinen Fall in der Wieland Fahrradmanufaktur verbringen wollte. Verlegen schweigend sah Giovanna ihm zu, wie er der Kellnerin winkte, die Rechnung komplett beglich und sich dann noch bei Paul vergewisserte, dass er sie nach dem Werksbesuch ordnungsgemäß zu Hause absetzen würde. Ehe sie irgendetwas sagen konnte, hatte er ihr schon einen Kuss auf die Wange gehaucht und war aufgestanden. »Ich weiß, dass Du nichts dafür kannst«, flüsterte er ihr bedauernd ins Ohr, »wir führen unseren gemütlichen Abend einfach zu einem anderen Termin ungestört fort, okay?« Dann zwinkerte er ihr verschwörerisch zu, verabschiedete sich mit einem kühlen Kopfnicken bei Paul und verschwand auf dem Parkplatz. Kurze Zeit später verriet ein laut aufheulender Motor, dass er mit viel zu hoher Geschwindigkeit davonbrauste.

»Puh, so ein Sturkopf!« Mit einem entwaffnend zerknirschten Lächeln sah Paul Giovanna an. »Jetzt habe ich Ihnen den Abend verdorben, nicht wahr? Das tut mir aufrichtig leid.«

Giovanna wusste nicht, was sie darauf sagen sollte – zumal sie das Gefühl nicht los wurde, dass Pauls vermeintlich schlechtes Gewissen nicht ganz echt war. Blinzelte dort nicht ein Funken Schalk hinter seinen undefinierbar graublauen Augen hervor? Giovanna räusperte sich verlegen. Jetzt war sie zum ersten Mal mit Paul Wieland außerhalb der Firma allein. Unsicher griff sie nach ihrem Glas und drehte es in der Hand herum. Die Situation war ihr ziemlich unangenehm.

Paul befreite sie aus ihrem Dilemma, indem er aufsprang. »Also, fahren wir?« Gemeinsam liefen sie zum Parkplatz, wobei Giovanna erleichtert feststellte, dass er dieses Mal keine Flipflops trug, was selten genug vorkam. Mittlerweile war es dunkel geworden. Giovanna schätzte, dass es nach zehn sein musste. Betont galant hielt Paul ihr die Beifahrertür seines alten Alfa Spider auf, so dass sie unwillkürlich lachen musste. Ganz schön dreist, ihr Chef! Erst vergraulte er seine eigene Begleitung, dann schaffte er es, Harald zu vertreiben und nun zog er quasi mit ihr als Beute ab. Nicht schlecht, die Situation begann ihr Spaß zu machen.

»Warum lachen Sie?« Paul war ihr offensichtlicher Gefühlsumschwung nicht entgangen. Er startete den Motor und fuhr los.

»Erreichen Sie immer alles, was Sie wollen?« Giovanna antwortete mit einer Gegenfrage. Nun lachte Paul schallend. »Ich wusste gar nicht, dass Sie so schlagfertig sind, Giovanna.« Und dann, nach einer kurzen Pause fuhr er mit leiser Stimme fort: »Nein, nicht alles. Aber bei Dingen, die mir wichtig sind, bleibe ich dran, verstehen Sie?«

Wieder spürte Giovanna eine gewisse Doppeldeutigkeit in seinen Worten. Meinte er seine Marketingstrategie – oder vielleicht sie? Um nicht abermals in eine peinliche Situation zu geraten, beschloss Giovanna, auf der beruflichen Ebene zu bleiben und begann, über Schröttles spannende Ideen zu plaudern. Erfreut stellte sie wieder einmal fest, dass auch Paul eine tiefe Sympathie für den alten Tüftler hegte. Beide lachten über seine speziellen Marotten und vor allem über seinen eigenwilligen Dialekt, der sogar Paul manchmal zu schaffen machte.

Als sie auf das Gelände der Wieland Fahrradmanufaktur einbogen, hatte sich das Gespräch auf einer vergnügt unverfänglichen Ebene eingependelt, so dass Giovanna den späten Besuch in der Forschungs- und Entwicklungsabteilung ausgiebig genießen konnte. Nun verstand sie plötzlich, was Paul mit seinem Verständnis von Marktanforderung und Strategie meinte. Denn am konkreten Beispiel wurde ihr klar, wie homogen das an sich neue Produkt später in die Gesamtausrichtung der Wieland Fahrradmanufaktur passen würde – und dabei gleichzeitig die neuen Anforderungen des Marktes und der Nutzer aufgriff. Das ganze Vorgehen war zwar komplett anders, als sie es bei BodyTop gewöhnt war, schien jedoch in sich schlüssig. Sie war gespannt, was Rodman dazu sagen würde.

Rodman – siedend heiß schoss Giovanna durch den Kopf, dass das, was sie hier tat, Industriespionage war. Sie ließ sich fast mitten in der Nacht aus erster Quelle in die Geheimnisse des Schwarzwälder Unternehmens einweihen – um das Ganze dann knapp sieben Stunden später an den Big Boss in Übersee weiterzugeben! Sie erschrak vor sich selbst. Nein, das konnte so nicht weitergehen. Irgendwie musste sie da rauskommen. Betroffen suchte sie Pauls Blick. Offen und ehrlich, wie er war, zeigte er ihr alles, was sie wissen wollte. Doch nun hielt er inne – offenbar irritiert von ihrem Blick.

»Oh, ich hoffe nicht, dass ich Sie gelangweilt habe, Signora Rossini. Oder sind Sie vielleicht müde? Na ja, es ist ja schon spät.« Umständlich kramte er seine Taschenuhr aus der Hosentasche. »Ach, schon elf Uhr. Ja, dann müssen Sie müde sein – nach einem anstrengenden Museumstag. Entschuldigen Sie bitte meine Ignoranz.«

Giovanna schüttelte den Kopf. »Nein, nein, ich bin noch nicht müde. Und es ist sehr interessant hier mit Ihnen.«

Beinahe atemlos fiel Paul ihr ins Wort: »Ach ja? Das freut mich natürlich. Würden Sie mir noch auf ein Glas Wein Gesellschaft leisten?« Er suchte ihren Blick. »Italienischen natürlich«, fügte er hinzu.

Giovanna zögerte. Verlockend war das Angebot schon. Vermutlich hatte er den Wein nicht in seinem Büro stehen, sondern zu Hause. Und die prachtvolle Villa interessierte sie seit ihrem ersten Tag im Schwarzwald. Andererseits erschien es ihr ein wenig unmoralisch, den Tag mit Harald Metzler zu beginnen, um ihn mit Paul Wieland zu beenden ...

Doch sollte sie sich diese Gelegenheit wirklich entgehen lassen? Die Situation war insgesamt unverfänglich – was sollte also schon dabei sein? Die Entscheidung war gefallen. »Das ist aber nett. Ja, sehr gerne«, antwortete sie herzlich und fügte dann mit spöttischem Unterton hinzu: »Wegen des italienischen Weines natürlich ...«

Grinsend machte Paul die Lichter aus und schob sie hinaus. »Hier entlang.« Durch einen Seiteneingang verließen sie das Bürogebäude und spazierten auf die alte Villa zu. Das Gelände war sanft beleuchtet, im Untergeschoss brannte gedämpftes Licht. Durch eine prachtvolle Eingangshalle mit einer filmreifen Treppe hinauf in den ersten Stock gelangten sie in einen gemütlichen Wohnraum, der direkt auf die breite Terrasse führte. Während sie ins Freie trat, verschwand Paul in einem angrenzenden Raum, um den Wein zu holen.

Giovanna hielt den Atem an: Zwar hatte sie kaum Gelegenheit gehabt, sich auf dem Weg hierher im Haus näher umzuschauen – der Blick von der Terrasse hinunter in den Garten entschädigte sie jedoch für alles. Zu ihren Füßen erstreckte sich eine ebenfalls dezent beleuchtete Gartenanlage, die in kunstvoller Weise englisches Flair mit italienischer Lebensfreude vermischte. Giovanna konnte sanft gewellte Rasenflächen vor Oleanderhecken ausmachen, und in der Luft hing ein betörender Duft von Flieder und Jasmin. Der Frühsommer entfaltete sich hier offenbar in seiner ganzen Pracht, Giovanna war überwältigt und sprachlos.

»Gefällt es Ihnen?« Paul war leise an sie herangetreten und hatte zwei gefüllte Rotweingläser in der Hand. Die Flasche klemmte unter seinem Arm. »Ein Barolo, einer meiner besten«, bemerkte er, als sie ihm ein Glas abnahm. Dann stellte er die Flasche auf dem Teakholztisch ab, der seitlich zwischen edlen Gartenmöbeln stand. Schweigend verfolgte Giovanna Pauls Bewegungen.

»So, und nun möchte ich endlich etwas tun, was ich schon längst wollte.« Paul stellte sich direkt vor sie und blickte zu ihr hinab. Fragend schaute sie ihn an, ihr Herz klopfte deutlich lauter als üblich.

»Jetzt arbeiten wir schon einige Wochen miteinander – und ich denke, es klappt hervorragend, Giovanna.«

Sie nickte stumm.

»Ich finde, es ist an der Zeit, das lästige ‚Sie' abzulegen – zumal mir diesbezüglich ja andere offenbar zuvorgekommen sind.« Seine Stimme war eine Spur schärfer geworden, was er ebenfalls bemerkte, denn er sprach mit weichem Unterton weiter. »Giovanna, ich mag Sie und würde mich sehr freuen, Ihnen zumindest auf diesem Wege näher zu kommen. Vorausgesetzt, es ist Ihnen recht«, fügte er schnell hinzu.

Immerhin, er bat sie um Erlaubnis, das hatte Harald nicht getan. Giovanna brachte trotzdem keinen Ton hervor, sondern nickte wieder nur schweigend.

Paul strahlte sie an. »Giovanna.« Er hob sein Glas und zwinkerte ihr zu. »Paul.« Ihre Stimme klang ungewohnt heiser. Dann nahmen beide einen tiefen Schluck, wobei Giovanna feststellte, dass es sich in der Tat um einen zwar äußerst schweren, aber unglaublich guten Roten mit einer herrlich holzigen Note handelte. Anerkennend kniff sie die Augen zusammen und fuhr sich mit der Zunge über die Lippen. Ihr Vater als alter Weinkenner wäre begeistert gewesen.

»Hey, da fehlt noch etwas!« Pauls Stimme riss sie aus ihren Gedanken. »Also hier im Schwarzwald macht man das wenigstens so«, fügte er leicht stotternd hinzu, nachdem er Giovannas irritierten Blick aufgefangen hatte. Er stellte sein Glas auf der Steinbalustrade der Terrasse ab, nahm Giovannas Gesicht zwischen seine großen und gepflegten Hände, beugte sich zu ihr hinunter und gab ihr einen sanften Kuss auf den Mund.

Giovanna wurde schwindelig. Entsetzt riss sie sich los. Was sollte das? Ihr Gesicht war knallrot angelaufen. Sie trat zwei Schritte zurück und funkelte ihren Chef wütend an. Was nahm er sich nur heraus? Er hatte sie einfach geküsst – und zwar auf eine Art und Weise, die alles andere als harmlos war. Sie schnappte nach Luft, doch ehe sie ihrem Ärger Luft machen konnte, fing Paul leise an zu lachen.

»Täusche ich mich, oder hat unser lieber Kollege Harald bei der Abschaffung der Formalitäten die Hälfte vergessen?« Giovanna nahm einen energischen Zug aus ihrem Glas. Natürlich hatte Paul Recht. Und es war auch keinesfalls nur im Schwarzwald üblich, dass man sich beim Brüderschafttrinken anschließend küsste. Warum Harald dies nicht getan hatte, war ihr schleierhaft – vermutlich wollte er sie nicht verlegen machen. Aber dass Paul darauf jetzt auch noch herumreiten musste, war wirklich der Gipfel.

»So ..., so küsst man dabei aber nicht«, fauchte Giovanna ihren Chef an. »Und das wissen Sie ganz genau!« Bewusst vermied sie das »Du«.

»Ach nein?« Mit einer schnellen Bewegung trat Paul wieder an sie heran. Ehe sie reagieren konnte, küsste er sie noch einmal. Diesmal hielt er sie in seinen Armen und drückte ihren Kopf dabei fest in den Nacken, so dass sie sich aus der Umklammerung nicht befreien konnte. Um Giovanna herum versank alles in einer Art Nebel. Ihre anfängliche Gegenwehr gab sie schnell auf – sie hatte ohnehin keine Chance. Sie spürte irgendwann, dass sie den langen Kuss erwiderte. Paul hielt sie, sie fühlte sich geborgen, er roch gut und er küsste unwiderstehlich – sie ließ sich einfach treiben.

Als er sie kurze Zeit später behutsam losließ und ihr forschend ins Gesicht blickte, erwachte sie wie aus einem Traum. Verwirrt strich sie sich die Haare aus dem Gesicht und fuhr sich mit den Fingern vorsichtig über die Lippen. Langsam wurde ihr bewusst, was soeben passiert war: Ihr Chef hatte sie hinreißend geküsst – und sie hatte es hingebungsvoll genossen. Was mochte er nun von ihr denken? Dass sie leicht zu haben war? Vermutete er vielleicht sogar, dass sie auch mit Harald ...? Nicht auszudenken!

»Also, eh ... normalerweise ...«, fing sie an zu stammeln, doch Paul legte ihr seinen Finger auf den Mund. Liebevoll lächelte er sie an. »Ich weiß, was Du jetzt sagen willst, Giovanna – ich könnte wahrscheinlich das Gleiche von mir sagen.« Er nahm ihre Schultern in seine Hände und blickte sie fest an. »Bitte denke jetzt nichts Falsches, ich weiß auch nicht, woher ich den Mut genommen habe. Ich möchte nicht, dass unser Arbeitsverhältnis ...«

»Nein, nein, schon gut.« Diesmal war sie ihm ins Wort gefallen. Aber sie spürte instinktiv, dass jedes weitere Wort die gesamte Situation noch peinlicher gemacht hätte. »Vergessen wir es einfach.«

Mit einer schnellen Drehung wandte sie sich wieder dem Garten zu. »Du hast es wunderschön hier, Paul. Wer kümmert sich um das alles hier?«

Dankbar nahm Paul den roten Faden auf und erzählte ihr von dem Leben in diesem Haus. Kurze Zeit später saßen sie in den bequemen Gartenstühlen, ließen sich vom Wein und der lauen Sommernacht wärmen und sprachen über Kindheit, Eltern und all das, was ihnen im Leben viel wert war. Paul erkundigte sich ganz genau nach ihrer Eingewöhnungszeit in Nagold und erfuhr zu seinem größten Erstaunen, dass Giovanna doch schon die eine oder andere Bekanntschaft gemacht hatte. Dazu gehörte zum Beispiel Günter Schmieder, der Besitzer des Zeitungskiosks ganz in der Nähe von Giovannas Wohnung, der ihr täglich eine italienische Tageszeitung zurücklegte. Kichernd gestand Giovanna ihrem Chef, dass Schmieder sie regelrecht verehrte. »Seit ich einmal irgendeine Bemerkung zu seiner Kleidung gemacht habe, achtet er stets darauf, was er anzieht. Alles ist aufeinander abgestimmt – und ich bemerke das natürlich immer wohlwollend.«

Paul feixte. »Der Schmieder? Der dicke Schmieder mit dem alten Dackel? Das ist ja nett.«

Dann erzählte Giovanna von ihrem netten Verhältnis zu ihrer Vermieterin, die sich fast schon mütterlich besorgt um sie kümmerte. Immer wieder fand Giovanna eine Leckerei vor ihrer Wohnungstür, wenn sie abends nach Hause kam – und sie revanchierte sich regelmäßig mit prachtvollen Blumensträußen.

Paul war sehr beruhigt zu hören, dass die Italienerin so schnell Anschluss gefunden hatte. Nagold war eben nicht Mailand – und der mutige Schritt der jungen Frau hatte ihm einiges Kopfzerbrechen bereitet. Doch nun entwickelte sich alles zum Guten.

Paul und Giovanna erlebten auf der Terrasse der alten Wieland-Villa einen rundum harmonischen Abend, so dass Giovanna sich kurz nach halb eins fast bedauernd erhob.

»Ja, natürlich, es ist spät geworden, ich bringe Dich jetzt nach Hause.« Paul sprang sofort auf. »Ich würde mich freuen, wenn wir unser Gespräch irgendwann einmal fortsetzen könnten«, fügte er leise hinzu.

Giovanna lächelte ihn an.

Kurze Zeit später saßen sie wieder in seinem alten Alfa. Schweigend fuhren sie durch die Nacht. In der Dunkelheit erkannte Giovanna nur schemenhaft sein Profil. Sie dachte daran, wie sie ihn beim Bewerbungsgespräch kennen gelernt hatte. Und nun saß sie mitten in der Nacht bei ihm im Auto, nachdem er sie erst unerlaubterweise geküsst und dann mit einem zauberhaften Abend wieder versöhnt hatte. Sie musste insgeheim zugeben, dass Paul Wieland ein weitaus interessanterer Typ war, als sie zunächst vermutet hatte. Und ganz anders als Harald Metzler, irgendwie lockerer und lebensfroher. Dabei mochte sie Harald ausgesprochen gern. Doch Harald hatte eine feste Beziehung – obwohl er ihr heute deutlich signalisierte, dass ihm an näherem Kontakt zu ihr gelegen war. Hoffentlich trug er ihr nicht nach, dass sie den Abend mit Paul Wieland beendet hatte. Sie seufzte kaum hörbar.

Als hätte er ihre Gedanken erraten, fing Paul an, in die Dunkelheit zu reden. »Ich denke, es ist in Deinem Sinne, wenn wir Harald nicht erzählen, dass wir noch bei mir waren, oder?« Giovanna nickte dankbar, wollte jedoch etwas klarstellen: »Paul, Harald und ich verstehen uns gut – mehr nicht. Nur, dass Du's weißt und nicht denkst ...«

»Nein, denke ich nicht.« Wieder ließ er sie nicht ausreden. »Ich möchte Dir auch noch etwas sagen«, fügte er hinzu, »Silvia ist vorhin nicht Deinetwegen so schnell verschwunden, sondern weil sie Harald nicht besonders gut leiden kann.«

»Danke.« Giovanna sprach so leise, dass Paul sie kaum verstehen konnte.

Unterdessen waren sie vor Giovannas Haus angekommen. »Es war ein schöner Abend.« Er konnte ihr Lächeln zwar nicht sehen, spürte es jedoch. Dann öffnete sie die Tür und stieg ohne ein weiteres Wort zu sagen aus. Paul wartete noch, bis sie im Hausflur verschwunden war und machte sich auf den Heimweg.

Oben in ihrer Wohnung angekommen ließ Giovanna sich zunächst erschöpft auf ihr Bett fallen. Was für ein Abend! Sie schielte hinüber zur Uhr. In fünf Stunden schon würde sie Rodman anrufen müssen – nur was sollte sie ihm sagen? Dass ein alter Tüftler gerade Bleistiftzeichnungen eines neuen Prototyps anfertigte? Dass Rückenleiden schwer im Kommen waren? Und wie sollte sie ihrem Boss klar machen, dass Paul Wielands Strategie sich den Besonderheiten des deutschen Marktes in nahezu perfekter Weise anpasste?

Sie war sich ganz sicher: Rodman würde kein Wort von dem, was sie in Erfahrung gebracht hatte, nachvollziehen können. Sie richtete sich auf. Das war die Lösung! Spontan war ihr ein Weg eingefallen, ihren amerikanischen Auftraggeber hinzuhalten. Angeblich sollte nämlich demnächst eine größere Ausschreibung anstehen – und sie würde Rodman einfach sagen, dass bis dahin alle Marketingaktivitäten zurückgeschraubt würden, um dann richtig zu reagieren. »Das nimmt er mir ab«, überlegte sie, »solche Maßnahmen kann er nachvollziehen.«

Beruhigt kuschelte sie sich wenige Minuten später in ihr Bett und war kurz darauf eingeschlafen.

*

Die dritte Todsünde des Marketing:

Nichtbeachtung von Marktveränderungen

Keine Frage, die Zeiten stabiler Märkte und langfristiger Marktentwicklungen sind vorbei. Produktinnovationen, Trends und immer schnellere Marktzyklen machen es notwendig, jede auch nur minimale Marktveränderung rechtzeitig zu erkennen und schnell darauf zu reagieren. Dies gilt insbesondere

- im Hinblick auf die **Verbraucher** (Welche Trends zeichnen sich ab, welche Angebote sind besonders gefragt?),
- im Hinblick auf die **Wettbewerber** (Wie versuchen sich Konkurrenzunternehmen durch Differenzierungen im Angebot abzuheben?) und
- im Hinblick auf den **Gesamtmarkt** (Befindet sich der bearbeitete Markt gerade in einer Wachstumsphase oder läuft man Gefahr, in einen gesättigten Markt zu investieren?).

Und Paul Wieland hat seinen Markt dahingehend aufmerksam beobachtet. Sind doch statt Hochleistungssport die Prävention und Therapie von Rückenleiden für immer mehr Menschen der Grund des Besuchs im Fitness-Studio. Seine trend- und technikorientierten Mitbewerber zeigen sich von dieser Entwicklung glücklicherweise völlig unbeeindruckt: BodyTop orientiert sich weiter ausschließlich an Fun-Bedürfnissen und proSport ändert konzeptionslos die strategische Ausrichtung. Für Wieland eine günstige Gelegenheit, im Rahmen seiner Gesamtstrategie ein neues wachsendes Marktsegment zu erschließen!

Genaue Marktanalyse und Marktbeobachtung lohnen sich also auf jeden Fall, um Entwicklungen rechtzeitig zu erkennen und schnell reagieren zu können. Gleichzeitig ist es wichtig, die eigene Intuition zu schulen und ein ausgeprägtes Gespür für Marktveränderungen zu entwickeln, denn nicht selten werden allein in blindem Statistikvertrauen enorme Summen in Marktforschung investiert, die vor allem bei großen Konzernen dazu dienen, die Position der einen Abteilung gegenüber der anderen mit Hilfe „empirischer" Daten zu stärken.

Die Marktforschung unterteilt sich in die **Marktanalyse**, die einmalig oder in regelmäßigen Abständen alle wichtigen Marktfaktoren ermittelt, die **Marktbeobachtung**, die die Entwicklung des Marktes innerhalb eines bestimmten Zeitraums betrachtet und die **Marktprognose**, die eine bewusste und systematische Einschätzung zukünftiger Marktgegebenheiten gibt. Dabei wird unterschieden in Primärerhebungen, die neue, bislang noch nicht erhobene Marktdaten erfassen und Sekundärerhebungen, die auf bereits vorhandene Daten zurückgreifen.

Letztere sind vor allem für Kleinbetriebe und Mittelständler interessant, für die eine aufwändige und kostenintensive Marktforschung oft nicht in Frage kommt. So können sie beispielsweise betriebsinterne Quellen wie Umsatz-, Absatz- oder Verkaufsstatistiken nutzen, die Kundenreklamationen und Außendiensttätigkeiten erfassen, aber auch verstärkt auf öffentlich zugängliche Informationsquellen, wie Publikationen und Studien von Behörden und Institutionen oder auf fundierte Berichte und Analysen in Zeitungen und Fachzeitschriften zurückgreifen.

Die Ausschreibung

»Und das ist alles, was Sie zu berichten haben?« Rodmans Stimme überschlug sich förmlich. Giovanna hatte ohnehin stets einige Mühe, seinen breiten amerikanischen Akzent zu verstehen – und so aufgebracht, wie er nun war, musste sie sich extrem darauf konzentrieren, was er sagte. Eines war allerdings klar: Rodman war mit ihrer Mission für BodyTop alles andere als zufrieden!

Dabei hatte er ihre Ausrede nach jener denkwürdigen Nacht vor zwei Wochen anstandslos geschluckt. Der Zufall war ihr dabei zur Hilfe gekommen, denn auch Rodman war bereits über zuverlässige Informanten über jene Ausschreibung im Bilde, die Giovanna damals angeführt hatte. Doch nun, zwei Wochen später, wollte er endlich Fakten hören.

»Ich muss Ihnen wohl nicht mitteilen, dass ich mehr von Ihnen erwartet habe, Giovanna!«, polterte Rodman weiter. »Sind Sie sich eigentlich bewusst darüber, in welcher Situation Sie sich derzeit befinden? Ich will Ihnen selbstverständlich nicht drohen – aber ein einziges Wort aus Insiderkreisen dürfte genügen, um ihre Karriere« – er spuckte das Wort förmlich aus – »in der deutschen Provinz von heute auf morgen zu beenden ...«

Giovanna schluckte. Natürlich war ihr das bewusst – Tag für Tag. Nur hatte sie einfach nichts zu berichten, zumindest nichts, was Rodman verstand. Denn all ihre vorsichtigen Versuche, ihm Paul Wielands Ideen und strategischen Ansätze zu erklären, waren von Rodman bislang mit dem K.-o.-Kriterium »unbedeutend« vom Tisch gefegt worden. »Das kann es nicht allein sein, Giovanna«, hatte er ihr bereits mehrmals eingeschärft. »Das sind Peanuts, damit macht man keine erfolgreiche Produktpolitik. Finden Sie das Geheimnis – irgendwo muss es sich verbergen!«

Giovanna wagte einen neuen Versuch: »Mister Rodman, ich weiß, dass Sie ...«, doch der Amerikaner fiel ihr sofort ins Wort. Ein wenig versöhnlicher bemühte er sich offenbar darum, am Ende des Gesprächs die Wogen zu glätten. »Giovanna, glauben Sie mir, ich weiß Ihren Einsatz wirklich zu schätzen. Aber verstehen Sie auch meine Situation! Ist Ihnen eigentlich bekannt, wie viele Arbeitsplätze weltweit von unserer Arbeit hier in Denver abhängen? Und der deutsche Markt ist enorm wichtig für uns! Also bitte: Forschen Sie noch genauer – vor allem danach, was Wieland für die Ausschreibung vorhat. BodyTop ist nämlich auch mit im Pitch, müssen Sie wissen. Ich verlasse mich auf Sie ...«

Giovanna ließ den Hörer langsam sinken und seufzte laut auf. Schlimmer konnte es kaum kommen. Doch eigentlich hätte ihr klar sein müssen, dass sie irgendwann in diesem Dilemma stecken würde. Selbstverständlich interessierten sich auch die Amerikaner für den Großauftrag, der zur Zeit ausstand. Immerhin war das die Chance für Peter Greenfield, dem zuständigen Verkaufsleiter des amerikanischen Konzerns. Giovanna kannte Greenfield ganz gut, sie waren sich bereits mehrmals über den Weg gelaufen. Sie mochte seine ehrliche Art und bewunderte seinen konsequenten Ehrgeiz. Es würde verdammt schwer werden, gegen ihn auch nur einen Stich zu machen.

Während sie sich im Bad für ihren langen Arbeitstag frisch machte, dachte sie über die Ereignisse der vergangenen Tage nach. Irgendwie wurde sie dabei das Gefühl nicht los, dass eine unsichtbare Schlinge um ihren Hals lag, die sich nun langsam aber sicher zuzog. Ihr Verhältnis zu Harald war ein typisches Beispiel für diese Entwicklung: Seit ihrem Besuch in der Staatsgalerie und dem verunglückten gemeinsamen Abend war er ihr mehr oder weniger aus dem Weg gegangen. Ein einziges Mal hatten sie auf dem Firmenparkplatz einige Worte gewechselt, doch er machte keinerlei Anstalten, eine erneute Verabredung mit ihr zu forcieren. Also hatte sie all ihren Mut zusammengenommen und war eines Abends spontan zu ihm nach Hause gegangen.

Wider Erwarten hatte sich Harald ehrlich gefreut, sie zu sehen. Sie verbrachten bei Wein und Weißbrot einige gemütliche und sehr unterhaltsame Stunden auf seiner Dachterrasse, wobei sie sich vor allem über ihre Gemeinsamkeiten bei der Freizeitgestaltung unterhielten. Harald war ein leidenschaftlicher Skifahrer und wie Giovanna spielte er gelegentlich Golf – wenn auch mit einem deutlich besseren Handicap. Zu ihrem größten Erstaunen erfuhr Giovanna, dass auch Paul Wieland passionierter Golfspieler war. Harald und er hatten manche unternehmerische Entscheidung gemeinsam auf dem Green getroffen.

Dennoch war ihr gemeinsamer Chef an diesem Abend kein wirkliches Gesprächsthema. Geschickt hatte Harald das Thema auf ihre Erwartungen und Wünsche für die Zukunft gelenkt. »Möchten Sie eigentlich irgendwann Familie und Kinder?«, war dabei die entscheidende Frage gewesen, die einen neuen, deutlich persönlicheren Akzent in die Unterhaltung brachte. Wieder einmal stellten beide fest, dass sich ihre Vorstellungen dabei sehr nahe kamen. Denn ein Leben ohne Kinder konnte Giovanna sich genauso wenig vorstellen wie Harald.

Als Giovanna sich an jenem Abend jedoch gegen Mitternacht verabschieden wollte, war es dann doch noch zu einem Wortwechsel gekommen, der ihr bis heute nachging und das unangenehme Gefühl, das sie mittlerweile immer wieder überkam, verstärkte. In seiner Wohnungstür hatte Harald sie am Oberarm ergriffen und ein wenig zu sich herangezogen. »Ich mag Dich sehr, Giovanna«, raunte er ihr leise zu, »aber vergiss bitte eines nicht: Entweder Paul oder ich.«

Giovanna hatte ihn verständnislos angeblickt und gefragt, wie er das meinte. »Ich habe Augen im Kopf, schöne Frau, und mir ist nicht entgangen, wie Paul Dich neuerdings ansieht. Du wirst Dich irgendwann entscheiden müssen ...«

Dann hatte er sie sanft in den Arm genommen und zärtlich gehalten. Eine ganze Weile standen sie eng umschlungen im grell erleuchteten Hausflur, bis Giovanna sich aus seiner Umarmung schälte und ein wenig durcheinander auf den Weg machte. Die angebotene Begleitung von Harald hatte sie energisch abgelehnt; sie wollte allein sein und nachdenken.

»Entweder Paul oder ich« – wie ein Damoklesschwert schwebte diese Bemerkung seither über allem, was sie während ihrer Arbeitszeit tat oder sagte – und sie fühlte sich ausgesprochen unwohl dabei. Dabei war ihr die liebevolle Umarmung des technischen Leiters alles andere als unangenehm gewesen – im Gegenteil: Harald entsprach in seiner höflichen und eher zurückhaltenden Art mit den guten Umgangsformen so ziemlich genau jenem Idealbild von Mann, das Giovanna seit frühster Jugend in ihrem Herzen trug. Warum also nicht das Naheliegende tun – zumal seine abwesende Dauerfreundin offenbar kein Hindernis darstellte?

Der Grund für Giovannas Zögerlichkeit lag bei Paul Wieland. Harald hatte natürlich Recht mit seinen Beobachtungen – Pauls Blicke folgten ihr praktisch überall hin. Giovanna war sich jedoch nicht sicher, ob sich persönliches Interesse oder vielleicht doch der begründete Verdacht dahinter verbarg, dass sie nicht mit offenen Karten spielte. Und zusammen mit den immer lauter werdenden Forderungen aus den USA bildete dies alles ein gefährliches Netz, in dem Giovanna sich mehr und mehr zu verstricken drohte.

Ein Blick auf die Uhr signalisierte ihr, dass es Zeit war. Sechs Uhr dreißig – gleich würde Paul sie abholen. Heute sollten sie die Ausschreibungsunterlagen von EuroFit, dem Schweizer Fitness-Konsortium erhalten. Um zehn Uhr hatten sie einen Termin in der Unternehmenszentrale in Zürich.

Sie warf einen leichten Sommermantel über ihr dezentes Business-Kostüm und verließ eilig das Haus. Paul wartete bereits auf sie, der Alfa stand mit laufendem Motor direkt vor dem Haus.

»Guten Morgen, Chef!« Schwungvoll öffnete Giovanna die Beifahrertür. Paul war in den Sportteil der Süddeutschen Zeitung vertieft und schaute nur kurz auf.

»Hey, die Eishockey-Saison hat doch noch gar nicht begonnen, oder? Was ist denn so interessant?« Giovanna wusste mittlerweile, dass Paul seit seiner Kindheit ein treuer Fan der Eishockey-Mannschaft des für sie beinahe unaussprechlichen Vereines Villingen-Schwenningen war.

»Nein, nein, entschuldige, Giovanna.« Paul faltete die Zeitung schnell zusammen und warf sie auf den Rücksitz. »Mich haben nur die Ergebnisse von St. Leon-Rot interessiert – ist aber nicht so wichtig.«

»Aha.« Giovanna wusste leider nicht, wer oder was St. Leon-Rot war, geschweige denn, um welche Sportart es sich handelte, verkniff sich jedoch eine entsprechende Bemerkung. Stattdessen musterte sie Paul wohlwollend. Er hatte sich zweifelsohne in Schale geschmissen: Der dunkle Armani-Anzug stand ihm ausgezeichnet und das hellblaue Hemd brachte seine graublauen Augen in dem gebräunten Gesicht besonders gut zur Geltung. Sie beugte sich leicht vor und vergewisserte sich, dass auch das Schuhzeug dazupasste. Doch, Paul hatte diesmal an alles gedacht. Zufrieden lehnte sie sich zurück und ließ ihre Gedanken schweifen, während der Alfa durch den morgendlichen Schwarzwald raste.

Erst als sie bei Offenburg auf die Autobahn einbogen, begann Paul, sich mit ihr zu unterhalten. Im Mittelpunkt stand dabei – wie könnte es auch anders sein – die EuroFit-Kette, die auf dem gesamten europäischen Kontinent eine Vielzahl von hochmodernen Fitness-Centern betrieb. Da BodyTop seit Jahren ein wichtiger Lieferant des Schweizer Unternehmens war, kannte Giovanna das Team um den langjährigen Geschäftsführer und US-Schweizer Gregory C. Hürliman ganz gut.

»Und was ist das für ein Typ?« Paul hatte bislang noch keinen direkten Kontakt zu den Schweizern gehabt.

»Hürliman?« Giovanna lachte. »Hürliman ist ein echtes Unikum! Ich schätze ihn auf Ende vierzig, obwohl er eigentlich jünger wirkt. Er sieht ziemlich witzig aus mit seinen schulterlangen grauen Haaren.«

Paul hakte nach: »Ach, Hürliman trägt seine Haare lang?« Mit einem zufriedenen Grinsen strich er sich durch seine sorgsam nach hinten frisierte blonde Mähne. »Der Typ ist mir sehr sympathisch!«

Grinsend fuhr Giovanna mit ihrem Bericht fort. »Also: Soweit ich informiert bin, war Hürliman früher Leistungssportler – und zwar ein ziemlich erfolgreicher. Ich glaube, er war Zehnkämpfer oder so. Auf jeden Fall sieht er aus wie ein Tier – groß, breit und irgendwie sehr sportlich. Angeblich lässt er immer noch keinen Wettkampf aus – immerhin besitzt er fürs Krafttraining ja genügend Geräte.« Giovanna machte eine kurze Pause, um sich einen Cappuccino-Bonbon in den Mund zu schieben. Dann fuhr sie fort.

»Hürliman ist übrigens immer sehr gut gekleidet, was ich bemerkenswert finde, da er garantiert keine Größe von der Stange trägt und zudem lange Zeit in den USA gelebt hat.«

Paul prustete los: »Was soll das denn heißen?«

»Na ja«, erklärte Giovanna in ihrer unnachahmlich ehrlichen Art, wenn es um Stilfragen ging, »zumindest in Sachen Modebewusstsein ist Amerika doch nach wie vor Entwicklungsland, oder?«

Paul schmunzelte und konzentrierte sich weiter auf das, was Giovanna sonst noch über Hürliman wusste.

»Ich denke, am wichtigsten für uns ist die Tatsache, dass Hürliman ein sehr besonnener Geschäftsmann ist. Soweit ich weiß, legt er viel Wert auf die Langfristigkeit seiner Unternehmensentscheidungen – was schon manches Mal zu Konflikten mit BodyTop geführt hat.«

»Ach ja?« Interessiert horchte Paul auf. »Inwiefern?«

»Oh, mein früherer Chef Rodman« – sie schluckte kurz bei diesen Worten – »ist ein Freund schneller Entscheidungen. Und nicht immer konnte man in Denver nachvollziehen, warum Hürliman in manchen Jahren nur sehr zögerlich nachrüsten wollte. Rodman hat bis heute nicht richtig verstanden, dass die Schweizer neueste Entwicklungen und Trends nicht einfach blind aufgreifen, sondern großen Wert auf die Nachhaltigkeit ihres Tuns legen.«

Sie unterbrach ihren Redefluss einen Augenblick und dachte nach. »Übrigens denke ich, dass genau dieses Detail für uns ein wichtiger strategischer Vorteil ist, was meinst Du?«

Paul nickte. Er sah das Ganze sogar noch ein wenig pointierter: Denn seiner Meinung nach war dies nicht nur ein wichtiger, sondern streng genommen der einzige strategische Vorteil, den das kleine Schwarzwälder Unternehmen nutzen konnte!

Die Fahrt nach Zürich verging mit zahlreichen Spekulationen über die Art der Ausschreibung und den möglicherweise daran beteiligten Firmen erfreulich schnell. Doch als sie auf den Gästeparkplatz von EuroFit einbogen, beschlich Giovanna ein unangenehmes Gefühl: Denn Paul parkte seinen Alfa direkt neben dem sportlich aufgemotzten Jeep der proSport AG – und demnach war es ziemlich wahrscheinlich, dass ihr der Münchner Marketingchef Jörg Blothekamp über den Weg lief, wie peinlich.

Hoffentlich würde ihr wenigstens Rodman erspart bleiben, der sein Kommen ebenfalls angekündigt hatte. Allerdings wusste Giovanna natürlich nicht, ob alle an der Ausschreibung teilnehmenden Firmen am selben Tag bei EuroFit vorsprechen würden – von daher hatte sie gute Chancen, zumindest in diesem Fall ungeschoren davonzukommen.

Mit weichen Knien begleitete Giovanna Paul zum Empfang. Dort erfuhren sie, dass Hürliman sich noch im Gespräch mit zwei Vertretern der proSport AG befand. Sie wurden jedoch schon zum Konferenzraum geführt. Vor der geschlossenen Tür warteten sie schweigend, Paul war nun offenbar auch ein wenig nervös.

Fünf Minuten später öffnete sich die Tür. Sichtlich gut gelaunt verließen Rolf E. Beyer, der Vorstandsvorsitzende der proSport AG, und sein Marketingchef Jörg Blothekamp den Raum. Dabei ließ es sich nicht vermeiden, dass sie Paul Wieland und Giovanna direkt in die Arme liefen. Wieland und Beyer begrüßten sich kühl – die Kontrahenten kannten sich seit längerem.

Giovanna lief unterdessen knallrot an. Mit einem breiten Grinsen lief Blothekamp auf sie zu und wunderte sich lautstark: »Giovanna, was machst Du denn hier?« Dann drückte er der sichtlich verlegenen Italienerin einen freundschaftlichen Kuss auf die Wange und musterte sie vergnügt.

»Äh, ich ..., ich bin jetzt bei Wieland.« Giovanna deutete mit dem Kopf hinüber zu Paul, der ihr Gespräch mit Blothekamp interessiert verfolgte.

»Wie bitte? Du hast BodyTop verlassen?« Blothekamp starrte sie verblüfft an. »Wie kam es denn dazu? Du warst doch richtig gut im Geschäft und hattest eine blendende Karriere in Aussicht, wenn ich mich recht erinnere, oder?«

»Oh, das ist eine lange Geschichte ...« Giovanna murmelte ihre Antwort verlegen vor sich hin und sah Blothekamp flehentlich an. Und er verstand. Mit hochgezogenen Augenbrauen und nachdenklich geschürzten Lippen verabschiedete er sich in aller Förmlichkeit von ihr, konnte es sich allerdings nicht verkneifen, ihr noch kurz verschwörerisch zuzublinzeln. Es folgte ein kurzes Shakehands zwischen ihm und Paul, während Giovanna und Beyer sich ebenfalls höflich begrüßten.

Wenig später saßen Paul und Giovanna gemeinsam mit Hürliman am Konferenztisch. Paul grinste in sich hinein. Giovanna hatte den Chef des Schweizer Konzerns wirklich treffend beschrieben – Hürliman war in der Tat ein Unikum. Vor allem seine Sprache war einzigartig: Er unterhielt sich in einem unnachahmlichen Kauderwelsch aus Schweizerdeutsch und Amerikanisch mit erheblicher Ostküsteneinfärbung, so dass Paul zunächst einige Mühe hatte, ihm zu folgen. Weitaus weniger schien dies Giovanna auszumachen: Sie plauderte locker und zog alle Register ihres Charmes.

Wie sich herausstellte, waren Paul und seine Marketingassistentin gut auf den Termin vorbereitet. Ein kurzer Wortwechsel reichte aus, um Hürliman zu überzeugen, dass er über EuroFit nicht mehr allzu viel berichten musste – Paul und Giovanna zeigten sich über die Verbreitung, die Geschäftszahlen und die grundsätzliche strategische Ausrichtung der Fitness-Kette bereits bestens informiert. Anerkennend nickte der imposante Schweizer ihnen zu: »Well, dann können wir ja zu den facts kommen.«

Gespannte Erwartung lag nun im Raum. Hürliman schaltete den Beamer ein und begann mit seinem Vortrag. Giovanna und Paul lauschten aufmerksam und machten sich Notizen.

»Und deshalb möchten wir in puncto Kundenbindung in Zukunft neue Wege gehen«, schloss der souverän auftretende Schweizer seine Erläuterungen vollmundig ab. »Denn die Kundenzufriedenheit ist für den nachhaltigen Erfolg – und das ist unser erklärtes Ziel – letztendlich der alles entscheidende Faktor.« Erwartungsvoll blickte er zu Paul und Giovanna herüber. »Noch Fragen?«

Paul schüttelte den Kopf. Sie hatten die gesamten Ausschreibungsunterlagen in schriftlicher Form und übersichtlich aufbereitet vor sich liegen – es war eigentlich alles gesagt. EuroFit plante die schrittweise Neuausstattung seiner Studios mit innovativen Geräten und Kraftmaschinen – und zwar deutlich kundenorientierter und finanziell für das Unternehmen interessanter als bislang. Doch die Zeit für die Ideenfindung und Entwicklung von Prototypen bis Mitte September war außerordentlich kurz.

Auch Giovanna stolperte offenbar über die enge Terminplanung. »Gibt es einen speziellen Grund dafür, dass bereits im September eine Entscheidung fallen soll?« Charmant lächelnd hakte sie nach.

»Sure.« Hürlimans Gesicht überzog ein breites Grinsen und er bleckte die Zähne. »Wir sind doch alle Profis, oder? Da heißt es schnell sein! Übrigens schien das Ihren Mitbewerber aus München nicht zu stören, Mister Wieland.« Er klappte den Deckel seines Laptops schwungvoll zu. »Und ich bin mir ziemlich sicher, das auch BodyTop no problem damit hat, was meinen Sie, Frau Rossini?«

Giovanna lächelte. Hürliman wusste natürlich von ihrem ungewöhnlichen Jobwechsel – und mit seiner Einschätzung hatte er wahrscheinlich auch Recht.

»Die kommen übrigens auch gleich, sogar mit dem Big Boss aus USA. Because of the Gleichheit, you know? Damit alle Wettbewerber die selben Chancen haben«, fügte Hürliman hinzu. Dabei blickte er auf seine überdimensionale Armbanduhr. »Oh no, not correct! Um halb zwölf erst.« Freundlich nickte Hürliman Paul und Giovanna zu. »Sie sind aber schnell fertig. Well, dann kann ich ja noch in aller Ruhe ein Sandwich essen.«

Und so kam es, dass der junge Schwarzwälder Unternehmer und seine Marketingassistentin wenige Minuten später nicht nur um einen Haufen Papier reicher das imposante Firmengebäude verließen. Denn sie hatten nun auch endgültig Gewissheit darüber, dass neben der Wieland Fahrradmanufaktur lediglich BodyTop und die proSport AG mit im Pitch waren. Insgeheim erleichtert ließ Giovanna sich in den Beifahrersitz sinken – wenigstens war sie Rodman nicht über den Weg gelaufen. Es lief besser, als sie dachte.

Doch sie hatte sich zu früh gefreut. Denn auf dem Weg in ein Lokal in der Innenstadt erkundigte er sich interessiert nach dem Marketingchef der proSport AG.

»Diesen Blothekamp – woher kennst Du den eigentlich so gut, Giovanna?«

Die Italienerin holte tief Luft und hüstelte dann verlegen, um etwas Zeit zu gewinnen. »Oh, wir haben uns irgendwann einmal auf einer Messe getroffen«, wich sie vage aus.

Paul hob belustigt seine Augenbrauen. »Getroffen. Aha.« Er würde Giovanna dazu später weiter befragen – immerhin handelte es sich um einen geschäftlichen Konkurrenten. Und dass sie ihm nicht die Wahrheit sagte, verriet nicht nur ihre verdächtig rosige Gesichtsfarbe, sondern auch die hektische Betriebsamkeit, die sie plötzlich im Umgang mit ihrer Handtasche an den Tag legte.

Kurz danach hielt Paul vor einem unscheinbar wirkenden Gasthof an. Giovanna stieg neugierig aus und erstarrte. »Zum weißen Gaul« las sie über dem Eingang – wenn sie nicht alles täuschte, pflegte auch Rodman genau hier mit seinen Mitarbeitern zu speisen, wenn er sich in Zürich aufhielt. Schon mehrmals hatten er und Greenfield von den köstlichen Rösti geschwärmt, die in diesem Restaurant offenbar besonders gut waren.

»Weißt Du, hier schmecken die Rösti einfach am leckersten«, bestätigte Paul ohne es zu wissen ihre Überlegungen. »Ich gehe immer hierher, wenn ich einmal in Zürich bin.«

Giovanna schwieg und dachte nach, während Paul sie in die gemütliche Gaststube führte. Wenn sie Hürliman richtig verstanden hatte, war der Termin mit Rodman erst für zwölf Uhr vorgesehen. Ging man einmal von eineinhalb Stunden Dauer aus, würden die Amerikaner wohl frühestens gegen vierzehn Uhr hier auftauchen. Erleichtert atmete sie auf. Das war in zwei Stunden – da waren Paul und sie längst wieder auf der Autobahn gen Norden.

Paul hatte unterdessen gezielt einen Tisch mit Blick auf den See ausgesucht. Es war ein herrlicher Sommertag mit blauem Himmel und einem atemberaubenden Alpenpanorama – Giovanna war schwer beeindruckt.

Paul stellte ein Menü für sie zusammen, frischen Weißwein inklusive. Als Wein und Wasser auf dem Tisch standen, wandte er sich seiner Marketingassistentin erneut zu.

»So, meine Liebe, und jetzt leg die Karten auf den Tisch. Woher kennst Du diesen Blothekamp wirklich – und vor allem woher so gut?« Giovanna hob abwehrend die Hände. »Und keine Ausreden bitte!« Paul lächelte sie überlegen an. »Glaubst Du etwa, ich hätte nicht bemerkt, wie er Dich angesehen hat? Außerdem war Dir die Situation sichtbar unangenehm, das war wirklich nicht zu übersehen.«

Giovanna seufzte. Aber die latente Unterstellung konnte sie nun wirklich nicht auf sich sitzen lassen. Dachte Paul wirklich, sie kooperiere in irgendeiner Form mit der proSport AG? Dann gab sie sich einen Ruck und erzählte von ihrem portugiesischen Intermezzo mit dem smarten Blondschopf.

»Wie bitte? Mit dem?« Paul tat entsetzt. »Der ist doch viel zu klein und konservativ für Dich, Giovanna!« Gönnerhaft lehnte er sich zurück.

»Findest Du?« Giovannas Nachfrage klang außerordentlich spitz. »Den Eindruck hatte ich eigentlich nicht ...« Sie lächelte süffisant und registrierte zum ersten Mal, dass auch Paul Wieland rot werden konnte. »Im Übrigen«, schob sie nach, »ist er eigentlich auch gar nicht mein Typ. Es hat sich eben einfach so ergeben. Weißt Du, Jörg ist ein typischer Controller. Klar, er weiß, wohin das Geld in einem Unternehmen verschwindet. Deshalb – das war zumindest damals mein Eindruck – steht er neuen Ideen, modernen Innovationen oder auch dem Trend zu freien Mitarbeitern ziemlich skeptisch gegenüber. Und Marketing ist für ihn eigentlich nichts anderes als Geldmacherei von überflüssigen Werbefuzzis – sein Job als Marketingvorstand hin oder her. Soweit ich weiß, hat er seine Position ohnehin eher zufällig bekommen. Also die liegen gar nicht auf unserer Linie!« Giovanna zuckte mit den Schultern. »Trotzdem ist er wirklich nett.«

»Aha.« Paul reagierte ziemlich einsilbig auf ihren Bericht. »Und warum ist aus Euch danach nichts geworden?«

Giovanna lachte schallend. »Jörg und ich? Ich bitte Dich, Paul! Das war von Anfang an klar. Und was soll ich mit einem Mann an meiner Seite, der seine Freizeit vorzugsweise auf dem Tennisplatz verbringt, sein Privatauto liebt wie andere ihre Kinder, Angst vor dem Älterwerden hat und jegliche Form von emotionaler Nähe fürchtet? Nein danke! Außerdem könnte Jörg sich ohnehin niemals vorstellen, irgendetwas anderes als seinen Job bei der proSport AG zu machen – und das reicht mir wirklich nicht.« Sie biss sich kurz auf die Lippen und fügte dann leise hinzu: »Das bleibt aber unter uns, okay?«

Paul nickte, sichtbar entwaffnet durch Giovannas Ehrlichkeit. Er vermutete, dass der köstliche Weißwein ihr ein wenig die Zunge gelockert hatte, denn bislang kannte er seine Assistentin nicht derart freimütig. Ob sie jetzt überhaupt Lust dazu hatte, über die Ausschreibung zu reden? Nachdenklich musterte er die hübsche Frau.

»Und, wie schätzt Du unsere Chancen bei der Ausschreibung ein?«, begann er vorsichtig. Giovanna stieg sofort engagiert in das Thema ein. Mit blitzenden

Augen machte sie ihm unmissverständlich klar, dass sie sich nicht vor der vermeintlich übermächtigen Konkurrenz fürchtete, im Gegenteil! »Weißt Du, Paul, ich bin mir zwar über die Stärken von BodyTop bewusst – aber glaube mir: Ich kenne auch die Schwächen der Amerikaner!«

Paul nickte gedankenverloren. Sie hatte natürlich Recht. Und was die proSport AG betraf, verfügte er wiederum über Insiderwissen – nicht zuletzt dank Harald, der die Entwicklungen des Wettbewerbers von der Isar stets mit großer Aufmerksamkeit verfolgte und kommentierte.

»Das Wichtigste ist, dass wir uns ein eindeutiges Ziel setzen und dies auch konsequent verfolgen«, fasste er seine Überlegungen zusammen. »Und zwar nicht nur in Bezug auf diese Ausschreibung, sondern für unsere gesamte Geschäftstätigkeit. Damit sind wir bislang gut gefahren – ganz gleich, wie sich die wirtschaftliche Entwicklung darstellte. Pass auf: Wenn dies hier ...«

Paul wollte gerade zu einem längeren Vortrag darüber ansetzen, was er unter sinnvoller Zieldefinition verstand, als das Essen serviert wurde. Bei Rösti und Salat vergaßen sie jedoch den eigentlichen Grund ihres Schweizer Aufenthaltes und tauschten sich angeregt über Kochrezepte und italienische Spezialitäten aus.

Gerade, als sie beim abschließenden Espresso angelangt waren, fuhr Giovanna zusammen. Eine Gruppe Männer hatte das Restaurant betreten – und die polternde Stimme Rodmans war eindeutig herauszuhören. Vorsichtig drehte sie den Kopf und blickte entsetzt in das breite Gesicht des BodyTop-Chefs. Schlimmer konnte es nun wirklich nicht mehr kommen.

»Giovanna, what a surprise!« Aufgekratzt stürmte Rodman auf sie zu und schüttelte ihr die Hand. Dann wandte er sich Paul zu und sprach ihn in seinem breiten amerikanischen Dialekt freundlich an: »Sie müssen Mister Wieland sein – ich habe schon viel von Ihnen gehört, alle Achtung!« Er drehte sich um und winkte einen jüngeren Mann an den Tisch. »Unseren Mister Greenfield hier kennen Sie ja bereits. Er hat mir interessante Dinge von Ihnen erzählt, Paul.«

Rodman blinzelte dem Deutschen verschwörerisch zu und klopfte ihm kumpelhaft auf die Schulter. »Sie sind ja ein ganz Gerissener! Spannen mir einfach so eine unserer besten Marketingkräfte aus – ganz schön forsch.«

Paul wusste auf diesen verbalen Überfall ebenso wenig zu erwidern wie Giovanna. Ratlos lächelte er Rodman an. Glücklicherweise erkannte Greenfield sofort die Brisanz der Situation. Freundlich, aber bestimmt zog er Rodman an einen anderen Tisch und verwickelte ihn sofort in ein leises Gespräch.

Giovanna rutschte unruhig auf ihrem Stuhl hin und her. Keine Sekunde länger als erforderlich wollte sie in einem Raum mit Rodman sitzen. Sie fühlte sich so unwohl wie lange nicht. Wie konnte dieser Amerikaner nur so dreist sein, Paul ein derartiges Schauspiel zu bieten? Sie hasste ihn dafür und fasste einen spontanen folgenschweren Entschluss: Bei nächster Gelegenheit würde sie Paul über ihre eigentliche Mission bei der Wieland Fahrradmanufaktur aufklären. Irgendwann in den nächsten Tagen, wenn sie in einer ruhigen Minute mit ihm unter vier Augen reden konnte. Und zu einem Zeitpunkt, bei dem nicht gerade wichtige Termine anstanden. Wahrscheinlich würde Paul sie umgehend feuern – aber das war dann eben der Preis für ihr doppeltes Spiel.

Auf der Rückfahrt sprachen sie nur wenig. Beide waren tief in Gedanken versunken. Während Giovanna jedoch über die ausweglose Situation nachdachte, in der sie sich befand, kreisten Pauls Gedanken vor allem um Giovannas offensichtliche Bereitschaft, auf einen One-Night-Stand mit einem Kollegen einzugehen. Hatte er sie so falsch eingeschätzt? Eigentlich war er bislang der Meinung gewesen, dass die entzückende Italienerin eher schüchtern und zurückhaltend war. Andererseits hatte sie auch in Nagold schneller Kontakte geknüpft, als ihm lieb war – zumindest, was Harald Metzler betraf. Und dann noch dieser Blothekamp ...

Wütend schaltete Paul einen Gang herunter, um einen Lkw zu überholen. Nun, dann würde er eben auch schärfere Geschütze auffahren. Giovanna war immer noch seine Mitarbeiterin!

*

Die vierte Todsünde des Marketing:

Keine oder unzureichende Zieldefinition

Fragt man in Unternehmen nach den Marketingzielen, erntet man häufig bedauerndes Schulterzucken oder betretenes Schweigen. Sie sind schlichtweg nicht festgelegt oder nicht so formuliert, dass sie auch umsetzbar sind. John K. Rodmans Zieldefinition zum Beispiel ist zu unpräzise und global, wenn er angibt, einfach nur wachsen und Trendsetter sein zu wollen. Oft besteht das Ziel auch lediglich aus einer opportunistischen Idee, wie zum Beispiel bei proSport, wenn ein Ausweg aus dem Dilemma einer vorhandenen Überproduktion gefunden werden muss.

Genau definierte Ziele aber sind das A und O einer systematischen und effizienten Marketingplanung. Deshalb sollten sie nach **Inhalt, Ausmaß** und **zeitlichem Bezug** möglichst genau bestimmt werden. Das erleichtert nicht nur die Entwicklung einer adäquaten Strategie und relevanter Maßnahmen, sondern auch die Kontrolle nach der Durchführung. Schließlich gibt erst das Ziel der Planung einen Sinn.

Generell wird zwischen quantitativen und qualitativen Zielen unterschieden. Quantitativ angestrebte Ziele können beispielsweise sein:

- Gewinn- und Umsatzziele
- Unabhängigkeitsziele
- Wachstumsziele
- Marktanteilsziele
- Kostenziele (Wirtschaftlichkeitsziele)

Qualitative Ziele sind zum Beispiel:

- Ethische und soziale Bestrebungen
- Bekanntheitsgrad
- Image/Prestige
- Macht

Dabei sollte man stets darauf achten, die Marketingziele (Unterziele) an den allgemeinen Unternehmenszielen (Oberziele) zu orientieren, um Zielkonflikte oder Glaubwürdigkeitslücken zu vermeiden.
Siehe auch Bild 2.1 „Beispiel für Zielhierarchien", Seite 172

Der Plan

Am nächsten Tag rief Paul Wieland seine jungen Mitarbeiter aus der Forschung und Entwicklung, deren Chef Hans-Peter Schröttle und Harald Metzler als technischen Leiter zu einer kurzfristigen Strategiesitzung zusammen. Gemeinsam mit Giovanna erläuterte er die Rahmenbedingungen für die Ausschreibung, wobei sie es übernahm, das Schweizer Unternehmen mit all seinen Facetten vorzustellen. Verblüffung machte sich in der Runde breit, als klar wurde, dass die Wieland Fahrradmanufaktur als kleines Unternehmen gegen Riesen wie BodyTop oder die proSport AG antreten durfte. Wie war man ausgerechnet auf den Schwarzwälder Familienbetrieb gekommen?

Paul teilte seine Vermutungen bereitwillig mit. »Ich denke, Hürliman und ich liegen in vielen Punkten auf einer Wellenlänge.« Giovanna blickte ihn forschend an – er würde doch wohl hoffentlich nicht auf die Haarlängen zu sprechen kommen? Doch Paul meinte etwas anderes. »Auch EuroFit ist offenbar an einer nachhaltigen Konzeption interessiert – und nicht an schnellen Trends. Ich lese Ihnen einmal vor, was hier in der Ausschreibung steht: ‚Wir erwarten, dass die vom an der Ausschreibung teilnehmenden Partner in der Grundstruktur entwickelten Produkte geeignet sind, neue Kundenschichten zu erschließen, die Marke EuroFit als innovativen, aber soliden Dienstleister zu festigen und die Kundenbindung nachhaltig zu erhöhen – und zwar unter besonderer Berücksichtigung der nationalen Eigenheiten. Wir bitten um die Präsentation von funktionsfähigen Prototypen, wobei die Originalgröße nicht verbindlich ist.'«

Giovanna musterte die Gesichter der Anwesenden, während Paul den Ausschreibungstext verlas. Ratlosigkeit und Entsetzen standen darin geschrieben. Besorgt suchte sie Pauls Blick, der ihr jedoch beruhigend zulächelte.

»Das hört sich natürlich alles weitaus komplizierter an, als es ist«, fasste er zusammen, »wenngleich die Anforderungen ziemlich hoch sind. Immerhin wollen sie zum Termin keine voll funktionsfähigen Geräte, sondern Prototypen, die auch als Modell präsentiert werden können. Außerdem: Herausforderungen lieben wir ja, nicht wahr?«

Ein junger Mitarbeiter stöhnte leise, Schröttle kratzte sich am Kopf und Harald verdrehte die Augen. Paul setzte noch einen darauf: »Ach ja, ehe ich es vergesse: Das Ganze muss am einundzwanzigsten September präsentationsreif sein.«

Nun kam Leben in das Sitzungszimmer – alle redeten durcheinander. »Was? ... Aber das geht doch nicht ... Den Termin kann keiner halten ... Es sind doch auch noch Sommerferien ... Ohne mich ... Wo wollen wir überhaupt anfangen? ...« In Sekundenschnelle herrschte ein heilloses Durcheinander – lediglich Paul, Giovanna und Schröttle bewahrten Haltung.

»Ruhe, Ruhe! Jetzt hört mir doch mal zu!« Pauls Stimme verschaffte sich endlich Gehör. »Eure Skepsis ist ja berechtigt. Aber glaubt mir bitte: Ich hätte diese Ausschreibung gar nicht angenommen, wenn ich nicht überzeugt davon wäre, es mit diesem Team hier zu schaffen. Wir haben uns schon etwas dabei gedacht, nicht wahr Giovanna?«

Giovanna wusste zwar nicht ganz genau, worauf ihr Chef hinauswollte, nickte jedoch eifrig. Aus dem Augenwinkel heraus nahm sie gleichzeitig wahr, dass Harald sie scharf ansah. Offenbar hatte er eben erst bemerkt, dass sie mittlerweile auch mit Paul per Du war. Freundlich lächelte sie ihn an und zwinkerte ihm zu.

»Und was genau habt Ihr Euch ausgedacht?« Haralds Stimme schnitt scharf durch den Raum. Augenblicklich war es still, denn wenn der technische Leiter das Wort ergriff, hörte man bei Wieland genau hin. Immerhin wäre Metzler beinahe ihr neuer Chef geworden – das hatten die Entwickler nicht vergessen.

Paul ignorierte bewusst den skeptisch-spöttischen Unterton in Haralds Worten und ging geduldig auf ihn ein. »Also, zunächst einmal müssen wir drei Arbeitsgruppen bilden, die sich dem Thema nähern. Ein Team sollte sich darum kümmern, möglichst herauszufinden, welche Wege unsere beiden Konkurrenten einschlagen. Da Du, Harald, ja ganz gute Kontakte zu proSport pflegst, denke ich, Du solltest diesen Bereich übernehmen. Und Giovanna« – er drehte sich zu seiner Assistentin um – »Du könntest Dich doch ein wenig bei BodyTop umhören – das macht Dir doch nichts aus, oder?«

Giovanna schluckte, jetzt wurde es wirklich kompliziert. Langsam mutierte sie zur Doppelagentin! Ihr Gesicht sprach Bände, so dass Paul sich genötigt fühlte, seine Worte ein wenig abzuschwächen. »Nein, verstehe mich bitte nicht falsch, Giovanna! Es geht mir lediglich um Tendenzen, das reicht schon.«

Dann wandte er sich wieder den anderen zu. »Nun hätte ich gerne zwei Freiwillige, die sich in der kommenden Woche durch möglichst viele Fitness-Studios hier im süddeutschen Raum, in der Schweiz, in Frankreich – und wenn es geht – auch noch in Italien durchkämpfen. Was mich interessiert, sind die Gründe, warum Sportler sich für ein bestimmtes Studio entscheiden – und was das Herausragende an EuroFit-Einrichtungen ist.« Spontan meldeten sich zwei junge Männer aus Schröttles Nachbarbüro. »Gut.« Paul wirkte zufrieden. »Bitte melden Sie sich nach dieser Besprechung bei Frau Kirchner. Sie wird Ihnen alles Notwendige zu Spesen und Abrechnungen erklären.«

Erwartungsvoll schauten ihn nun die vier noch ohne Aufgaben betrauten Mitarbeiter an. Was kam wohl auf sie zu? Giovanna war ebenso gespannt wie der Rest der Anwesenden. Paul hatte sich offenbar über Nacht Gedanken gemacht und wirkte sehr sicher.

»Tja, meine Herren, Sie bilden momentan den kreativen Kopf unseres Ausschreibungsteams. Sie möchte ich nämlich darum bitten, unter der leitenden Hand unseres Herrn Schröttle mit der Ideenfindung zu beginnen. Wegen der ziemlich knapp bemessenen Zeit müssen wir mehrgleisig durchstarten. Gesucht sind Fitness-Produkte, die vielleicht neue Kunden faszinieren könnten, die unter Umständen einen interessanten Zusatznutzen aufweisen – und die vor allem ein rundum positives Image schaffen.«

Paul rieb sich vergnügt die Hände, als er die entgeisterten Gesichter der jüngeren Mitarbeiter sah. Lediglich Schröttle verzog keine Miene, sondern lauschte seinen Worten hochkonzentriert.

»Ach ja, noch etwas«, fügte Paul seinen Vorstellungen hinzu. »Selbstverständlich sollten Ihre Ideen – auch wenn sie für einen fremden Kunden gedacht sind – grundsätzlich in unsere Produktstrategie passen. Sonst müssten wir ja alles umstellen – und das macht wenig Sinn.«

Kurz darauf entließ er die einberufene Runde, wobei er Schröttle und Metzler noch um ein Gespräch im kleinen Kreis bat.

»Na, schockiert?« Versöhnlich klopfte Paul seinem technischen Leiter auf die Schulter. Harald rümpfte die Nase. »Du weißt doch, was ich von Deiner Unternehmenspolitik halte, Paul. Aber es ist Deine Angelegenheit – und ich werde mich danach richten. Schade nur, dass so in diesem Jahr wohl wieder keine dringend notwendigen Neuinvestitionen für die Produktionstechnik möglich sind ...«

»Abwarten, Harald, abwarten.« Pauls Tonfall war ausgesprochen freundlich. Dann nahm sein Gesicht wieder einen konzentrierten Ausdruck an. »Hans-Peter und Harald, Ihr seid meine besten Mitarbeiter. Euch beiden vertraue ich bis zum nächsten Treffen in zehn Tagen die operative Leitung des Projektes an. Bitte stimmt Euch permanent ab – auch, wenn es um Kleinigkeiten geht. Denn die besten Ideen – aber das muss ich Euch ja eigentlich gar nicht sagen – nützen nichts, wenn sie bei uns technisch nicht machbar sind. Ich verlasse mich auf Euch.«

Nachdem auch diese Beiden das Besprechungszimmer verlassen hatten, ließ Paul sich auf einen freien Stuhl neben Giovanna fallen. »Und? War ich überzeugend genug?«

Giovanna schnaubte. »Harald hast Du jedenfalls noch nicht in Deinem Boot, falls Du das meinst.« Seufzend stützte sie ihren Kopf auf. »Na ja, vielleicht bringt er interessante Details von proSport in Erfahrung.« Missmutig starrte sie aus dem Fenster.

»Apropos ...« Paul rückte ihr etwas näher. »Sag mal, könntest Du nicht Deinen Kontakt zu Blothekamp etwas auffrischen, um ...«

»Untersteh Dich, so etwas auch nur zu denken!« Wütend fiel Giovanna ihm ins Wort. »Erst regst Du Dich darüber auf, dass ich mich überhaupt mit jemandem wie Jörg einlasse – und nun soll ich über ihn plötzlich Informationen einholen! Ich glaube, Du spinnst!«

Hoch erhobenen Hauptes stürmte die aufgebrachte Italienerin aus dem Raum. Paul blieb perplex sitzen. Erst ein zaghaftes Klopfen riss ihn aus seiner Erstarrung.

»Herr Wieland, hätten Sie vielleicht einen Moment Zeit? Es geht um ein paar Unterschriften ...« Vorsichtig schob sich Elisabeth Kirchner durch die halb geöffnete Tür. »Ärger?«, fragte sie mitfühlend, während sie die Unterschriftenmappe vor ihm ablegte.

»Nein, nein, nicht wirklich.« Pauls Antwort fiel derart leise und fahrig aus, dass die Chefsekretärin nicht weiter nachhakte. Insgeheim freute sie sich jedoch darüber, dass dem Juniorchef seit einiger Zeit frischer Wind ins Gesicht wehte. Anfangs hatte sie ja geglaubt, das diese Italienerin zu fein und zart für den Schwarzwald wäre, doch sie war eines Besseren belehrt worden. Und nicht nur das: Giovanna war so nett und herzlich, dass sie überall gute Laune verbreitete. Kurz: Elisabeth Kirchner mochte Giovanna und unterstützte sie, wo immer sie konnte. Spontan beschloss die ältere Frau, der Marketingassistentin gleich einen Kaffee vorbeizubringen, damit sie ihren Ärger möglichst schnell herunterschlucken konnte.

»War das alles?« Pauls barscher Ton ließ Elisabeth Kirchner zusammenzucken. »Ja, natürlich ...« Schnell verließ sie das Zimmer – Paul war in dieser Laune einfach nicht zu ertragen.

Unterdessen hatte der Juniorchef damit begonnen, wie ein Tiger im Konferenzzimmer auf und ab zu laufen. Das schnappende Geräusch seiner Flipflops, die er heute wieder trug, schien ihn dabei nicht zu stören. Nervös blickte er immer wieder aus dem Fenster und ballte dabei die Fäuste. Jetzt hatte er also nicht nur Harald vergrault, sondern es sich zumindest kurzfristig auch mit seiner Marketingassistentin verscherzt, zu dumm. Spontan entschloss er sich zu einem Gang nach Canossa und machte sich auf den Weg zu Giovannas Büro.

Die junge Frau saß an ihrem Schreibtisch und hatte ihre – zugegebenermaßen sehr hübschen – Beine auf die Tischplatte gelegt. Als Paul den Raum betrat, zog sie ihre Füße schnell hinunter und schaute ihn herausfordernd an. Immer noch funkelten ihre Augen erbost und angriffslustig.

»Es tut mir Leid.« Mit zerknirschter Miene kam Paul näher. »Es war nicht besonders fein von mir, ich weiß.« Er ließ sich auf der Schreibtischkante nieder. »Außerdem geht mich Dein Privatleben nichts an, das ist mir auch klar. Kannst Du mir noch einmal verzeihen?« Mit einem gekonnten Dackelblick sah er zu Giovanna hinunter.

Sie musste lachen, ob sie wollte oder nicht. Paul wirkte mit diesem Auftritt einfach zu komisch. Außerdem war sie nicht nachtragend. Lächelnd reichte sie ihm die Hand: »Okay, aber in Zukunft keine Indiskretionen mehr, ja?« Dankbar ergriff Paul ihre Hand. Der Tag war gerettet. Er wollte gerade seine Sekretärin rufen, um für Giovanna und sich etwas zu trinken zu ordern, als diese bereits im Türrahmen stand – mit zwei dampfenden Tassen. Vergnügt strahlte Paul die ältere Dame an: »Ihnen entgeht auch gar nichts, oder?« Kommentarlos und mit einem verschmitzten Lächeln verschwand Elisabeth Kirchner daraufhin wieder und ließ die beiden allein.

»Und nun?« Ratlos rührte Paul in seinem Kaffee herum. »Womit fangen wir jetzt an?«

»Oh, ich hätte da eine Idee.« Giovannas Gesicht hatte einen eifrigen Ausdruck angenommen. »Erinnerst Du Dich noch an unser erstes gemeinsames Gespräch?« Paul nickte erstaunt. Worauf wollte sie hinaus?

»Damals hast Du mir etwas von den sieben Todsünden des Marketing erzählt – und dass ich sie schon noch kennen lernen würde. Weißt Du das noch?«

Paul lächelte. Darum ging es also. »Klar erinnere ich mich. Und jetzt willst Du wahrscheinlich wissen, was genau ich damit gemeint habe, stimmt's?« Paul überlegte einen Moment. »Also, über vier Todsünden haben wir eigentlich schon ausgiebig gesprochen!«

Giovanna wartete gespannt, während Paul aufzählte: »Also: erstens keine Institutionalisierung des Marketings im Unternehmen, zweitens keine Strategie, drittens die Nicht-Beachtung von Marktveränderungen und viertens die fehlende Zieldefinition. Was kommt dann? Ach ja, fünftens ein falscher Mix der Maßnahmen – aber ich glaube, so weit waren wir noch gar nicht, oder?«

Giovanna starrte ihn erstaunt an. Offenbar hatte er für sich die größten Fehler, die man im Marketing machen konnte, tatsächlich in Form von Leitsätzen formuliert. Und irgendwie hatte er Recht damit: Die ersten vier »Sünden« waren ihr in verschiedenen Gesprächen in der Zeit bei der Wieland Fahrradmanufaktur bewusst geworden. Und was den richtigen Marketing-Mix betraf, musste man kein Hellseher sein, um diese Notwendigkeit zu begreifen. Im Übrigen war Giovanna sich ganz sicher, dass sie im Zusammenhang mit der Wettbewerbspräsentation noch genauer auf dieses Thema stoßen würden – schließlich würde Paul es sich wahrscheinlich nicht nehmen lassen, seine Neuentwicklungen mit einer ausgeklügelten Marketingstrategie zu präsentieren.

»Und der Rest? Da fehlen doch noch zwei!« Giovanna hakte nach.

»Ich denke, Du wirst sie in den kommenden Wochen selbst entdecken. Wollen wir wetten?« Paul strahlte seine Mitarbeiterin entwaffnend an. Nun gut, dann würde sie eben warten.

Gemeinsam sprachen sie dann die wichtigsten Schritte der kommenden Tage ab. Das Arbeitspensum war groß und musste genau geplant werden.

*

Erwartungsvoll betrat Giovanna die Eingangshalle der Wieland Fahrradmanufaktur und begrüßte Herbert Löhlein, den Portier. »Guten Morgen, junge Frau!« Wie immer hielt er ihr galant die Glastür auf. Und wie jeden Morgen antwortete Giovanna: »Aber Signore Löhlein, das ist doch nicht nötig ...« Dann schlüpfte sie schnell durch die Tür und machte sich zu Fuß auf den Weg hinauf in ihr Büro. Heute war sie etwas zeitiger als sonst im Werk, da sie ihren Wecker aus Versehen auf eine Stunde früher gestellt hatte. Also machte sie aus der Not eine Tugend und studierte genussvoll die Zeitung, die Kioskbesitzer Schmieder wie jeden Morgen für sie bereithielt. Dabei schob sie sich einen Müsliriegel in den Mund – eines der wenigen Zugeständnisse, das sie der Fitness-Branche machte. Abgesehen von ihrer Arbeitskraft natürlich.

Kurze Zeit später hörte sie das gleichmäßige Schnalzen von Pauls Flipflops auf den steinernen Fliesen. Auch er war heute früher als üblich da. Giovanna vermutete, dass ihn eine gewisse Unruhe aus dem Bett getrieben hatte – immerhin ging es an diesem Tag um die weiteren Planungen und Leitlinien für die EuroFit-Ausschreibung. Hoffentlich hatten alle Teams ausreichend Ergebnisse zusammengetragen, sonst würde es eng werden für das Schwarzwälder Traditionsunternehmen. Der Markt war heiß umkämpft und von diesem Auftrag hing viel ab. Denn wer hier als Sieger hervorging, würde europaweit enorm an Bedeutung gewinnen, das stand aufgrund des Gesamtvolumens außer Zweifel.

Giovanna vertiefte sich wieder in ihre Zeitung. In Mailand erregte wieder einmal ein Politskandal die Gemüter – und jetzt wollte der italienische Staat auch noch seine Kunstdenkmäler verkaufen, um zu Geld zu kommen. So etwas Absurdes. In der nächsten halben Stunde tauchte Giovanna voll und ganz in den italienischen Alltag ein – Heimweh inklusive. Die morgendliche Zeitung war neben regelmäßigen Telefonaten mit Familie und Freunden ihre einzige Brücke in die Heimat – für kurze Besuche zu Hause fehlte ihr bislang die Zeit. Umso wichtiger war ihr die ausführliche Lektüre von der ersten bis zur letzten Seite.

Als sie auf dem Gang laute Stimmen hörte, schreckte sie hoch. Ein Blick auf das Display ihres Telefons machte ihr klar, dass die mit Spannung erwartete Sitzung in dieser Minute beginnen sollte. Hastig sprang sie auf, griff nach ihren Unterlagen und eilte zum Konferenzraum. Als sie eintrat, saßen bereits alle auf ihren Plätzen. Berge von Papier bedeckten den Tisch – und eine eigentümliche Erregung lag im Raum. Jeder wusste, um was es heute ging.

»So, da wir nun alle beisammen sind, können wir ja anfangen.« Paul hatte Giovanna nur kurz zugenickt, als sie an seiner Seite Platz nahm und sich sofort wieder seinen Unterlagen zugewandt. »Ich schlage vor, wir machen uns zunächst ein Bild über die Konkurrenz. Giovanna«, nun blickte er sie zum erstem Mal direkt an, »hast Du etwas bei BodyTop in Erfahrung gebracht?«

Die Italienerin räusperte sich und ordnete ihre Blätter. »Ja, ich habe sogar zweimal mit Rodman telefoniert.« Ein Raunen ging durch das Zimmer. Bis auf Paul und vielleicht noch Harald wusste offenbar niemand von ihrem engen Verhältnis zum BodyTop-Chef. »Herausgefunden habe ich allerdings nicht sehr viel.« Sie zuckte bedauernd mit ihren Schultern. »Rodman fährt offenbar die gleiche Strategie wie immer: Präsentiert wird das Neueste vom Neuesten, natürlich hart am Trend von morgen und aufgrund der zu erwartenden hohen Stückzahlen im Endprodukt relativ preiswert. Damit stand er bislang außer Konkurrenz – und wie ich ihn einschätze, wird er dabei bleiben. Auf jeden Fall geht er davon aus, dass er den Pitch gewinnt.«

»Das war ja zu erwarten.« Paul lauschte ihren Ausführungen kopfschüttelnd. Wie konnte man nur so betriebsblind sein? Eigentlich hätte Rodman doch schon längst merken müssen, dass ihm hier in Deutschland langsam, aber sicher der Markt wegbrach. Oder fielen diese Zahlen in Anbetracht des Gesamtvolumens von BodyTop nicht ins Gewicht? Kaum vorstellbar.

Zufrieden brachte er seine Überlegungen auf den Punkt: »Gut, die Amerikaner nehmen uns also nicht ernst. Das ist ein klarer Vorteil für uns. Und eines ist ja wohl klar: Unsere Ideen werden weder übermäßig trendy, noch völlig neuartig ausfallen. Das Einzige, woran wir wahrscheinlich arbeiten müssen, wird der Preis sein. Aber ich bin sicher, wir finden eine Lösung.«

Beifallheischend blickte Paul in die Runde. In den ernsten Gesichtern der Anwesenden spiegelte sich die allgemeine Anspannung deutlich wider. Nur Schröttle hatte sich gemütlich zurückgelehnt und lächelte leise in sich hinein. »Schau an«, dachte Paul erleichtert, »der alte Fuchs hat ganz sicher etwas in petto. Gott sei Dank!«

»So, und was ist mit der proSport AG? Harald, darum hattest Du Dich ja gekümmert.«

Der technische Leiter richtete sich umständlich in seinem Stuhl auf und begann seinen Rapport mit ernster Miene. »Also, wie zu erwarten war, setzen die Münchner verstärkt auf technische Innovation: bessere Hydraulik, weniger verschleißanfällige Laufwerke und höhere Kapazitäten. Ich hatte die Gelegenheit, mich mit einem Techniker aus der Produktion ausführlich auszutauschen – natürlich handelt es sich dabei um reines Berufsinteresse, das uns verbindet. Und es ist eindeutig: proSport setzt auf technische Innovation bis ins Detail –

übrigens meiner Meinung nach der einzige Weg, der derzeit zum Erfolg führt.« Harald machte eine kurze bedeutungsvolle Pause und ergänzte dann: »Angeblich hat das Unternehmen in den letzten Monaten eine ganze Reihe vielversprechender Hightech-Geräte für die Produktionsoptimierung entwickeln lassen, und nun stehen zahlreiche Neugeräte in den Startlöchern. Die Investitionen in die Produktions- und Fertigungstechnik haben sich in München offenbar gelohnt.«

»Soso.« Paul rieb sich nachdenklich das Kinn. »Du meinst also, wir müssen in dieser Hinsicht nachlegen, um konkurrenzfähig zu bleiben?« Er seufzte tief. »Das könnte teuer werden für uns. Eigentlich haben wir nämlich derzeit nicht die finanziellen Mittel dafür.« Unruhig trommelte er mit den Fingern auf der Tischplatte herum. Es war komplizierter, als er dachte. Denn eines war klar: In dem Moment, wo sich die Wieland Fahrradmanufaktur auf technische Erneuerung bei Anlagen und Produktion konzentrierte, fehlte das Geld in der Entwicklungsabteilung. Nur – ohne leistungsfähige Entwicklungsabteilung entfielen die vielen guten Produktideen, die bislang so erfolgreich im Markt waren. Es war wirklich verzwickt. Ratlos ließ er seinen Blick in die Runde schweifen.

»Äh, Entschuldigung.« Überraschend hatte sich Giovanna zu Wort gemeldet. »Ich hätte zu diesem Thema auch noch etwas beizutragen.«

Gespannt richteten sich alle Augen auf die junge Italienerin. Auch Paul wusste nicht, was nun kam.

»Also ich ... äh«, Giovanna war sichtlich verlegen, »ich habe einen alten Kontakt in die Marketingabteilung der proSport AG wieder – äh – ein wenig aufgewärmt.« Sie hüstelte nervös, während Paul sie mit seinen hellen Augen förmlich festzunageln schien. »Na ja, und was ich da gehört habe, ist etwas ganz anderes.« Beinahe entschuldigend blickte sie zu Harald hinüber. Dann fuhr sie fort: »Nun, mein – äh – Informant drückte sich ziemlich drastisch aus. Er sagte so etwas wie 'Uns geht der Arsch auf Eisgrund' oder so ähnlich.«

Mittlerweile war sie im Gesicht tiefrot angelaufen, zumal die Anwesenden – mit Ausnahme von Harald – nun leise kicherten. Auch Paul ließ sich von der allgemeinen Heiterkeit nicht anstecken, sondern blieb aufmerksam bei der Sache. »Und was meinte Dein – äh – Informant konkret damit?«

Erleichtert schilderte Giovanna nun, was sie über Blothekamp in Erfahrung gebracht hatte. Offenbar standen die hohen Investitionen in Technik und Produktion in keinem günstigen Verhältnis zu Nachfrage und Umsatz, so dass man in München wochenlang auf Halde produziert hatte. Außerdem fanden sich für bestimmte hochtechnische Produkte einfach keine Abnehmer. Die Führung der proSport AG stand dadurch zur Zeit ziemlich unter Druck – und man war auf den Auftrag von Hürliman ernsthaft angewiesen. Giovanna vermutete nicht ganz unbegründet, dass nun versucht wurde, die hohen Lagerbestände zu günstigen Preisen beim Schweizer Konzern unterzubringen.

Paul war schwer beeindruckt. Wie hatte Giovanna es nur geschafft, so viele Interna aus dem Marketingchef herauszupressen. Sie hatte doch nicht etwa ...? Schnell wischte er die unangenehmen Gedanken beiseite und konzentrierte sich wieder auf die soeben erfahrenen Neuigkeiten.

Doch ehe er etwas dazu sagen konnte, ergriff Harald wieder das Wort. »Giovanna, dürfte ich wohl erfahren, woher Du diese völlig aus der Luft gegriffenen Informationen hast?« Er blickte kopfschüttelnd in die Runde. »Das ist nämlich von vorne bis hinten falsch – meine Informanten sind da äußerst zuverlässig.«

Empört sprang Giovanna auf. »Willst Du damit sagen, dass meine Informationen aus weniger zuverlässiger Quelle stammen?« Sie funkelte den technischen Leiter wütend an. Schlagartig stand ihm der Schweiß auf der Stirn. Trotzdem beharrte er auf seiner Sicht der Angelegenheit. »Nein, so war das nicht direkt gemeint«, stammelte er, »aber ich kenne den Laden dort einfach in- und auswendig.«

»So? Woher denn?« Giovannas Stimme war schneidend scharf geworden. Das Gespräch drohte eine ungemütliche Wendung zu nehmen. Schnell griff Paul ein – er hatte ohnehin genug erfahren.

»Nun, ich schlage vor, wir vertagen dieses Thema noch ein wenig und konzentrieren uns nun auf die messbaren Fakten.« Freundlich wandte er sich den beiden jungen Entwicklern zu, die acht Tage lang Fitness-Center bereist und analysiert hatten.

»Hier ist unser Bericht!« Freudig und ein wenig stolz wedelten sie mit einem Haufen Blätter, den sie in der Runde verteilten. Sie hatten in der Tat gute Arbeit geleistet. Und die Ergebnisse waren für Pauls Empfinden hochinteressant: Neben den üblichen Pluspunkten für Betreuung, Service und Ausstattung über das rein Sportliche hinaus, lagen offenbar vor allem jene Fitness-Center im Trend, die mehr als nur die reine Bewegung boten. Hausaufgabenbetreuung für Schulkinder, Ernährungsberatungen gratis oder Tai-Chi-Seminare waren typische Parameter, die für besonders positive Bewertungen sorgten.

Paul rieb sich sichtlich erfreut die Hände und wechselte mit Schröttle bedeutungsvolle Blicke. »Zusatznutzen« hieß offenbar das Zauberwort, das die Tür zum Erfolg öffnen könnte. Ob die Entwicklungsabteilung auch so weit gekommen war?

Nachdem die Reisenden in Sachen Fitness ihren Bericht abgeschlossen hatten, konzentrierte sich die gesamte Aufmerksamkeit auf Hans-Peter Schröttle und sein Team. Dieser lächelte verschmitzt – und zog dann eine Rolle Papier im A2-Format aus seinen Unterlagen. Umständlich breitete er eine detaillierte Bleistiftzeichnung auf dem Tisch aus. Alle beugten sich wie auf Kommando darüber – und brachten zunächst kein Wort hervor.

Dann redeten plötzlich alle gleichzeitig: »Genial ... Geht das denn überhaupt? ... Dass da bislang noch keiner drauf gekommen ist ... Schröttle, Sie sind ein Ass ... unglaublich ... so einfach und dabei so verblüffend gut ...«

Als sich der allgemeine Trubel ein wenig gelegt hatte, konnte Schröttle endlich einige erklärende Worte loswerden: »Wie Sie alle sehen, sind wir in diese Besprechung nur mit einer einzigen Idee gekommen. Und das hat natürlich einen Grund: Denn wir sind überzeugt, dass dies die einzige Idee ist, mit der wir den EuroFit-Etat knacken können. Unser neues Produkt ist in jeder Hinsicht kundenfreundlich, kann auf individuelle Bedürfnisse vor Ort mühelos adaptiert werden, kann sich von Natur aus über ein sehr positives Image freuen und bietet einen Zusatznutzen, der für alle irgendwie am Geschäft Beteiligten nachvollziehbar sein wird. Und das ist doch die Lösung!«

Spontaner Beifall kam auf. Alle hatte sofort verstanden, worauf Schröttle hinauswollte – zumal er sich in dieser Runde ernsthaft Mühe gegeben hatte, seinen Dialekt zu zügeln. Mit einem warmen Lächeln im Gesicht nickte Paul seinem Tüftler zu. Auf Schröttle und sein Team war einfach immer Verlass!

Doch nun galt es, wirklich alle damit beschäftigten Mitarbeiter auf das Projekt einzuschwören. Freundlich wandte Paul sich deshalb an seinen technischen Leiter. »Harald, was meinst Du: Geht das produktionstechnisch?« Knurrend beugte sich der Ingenieur erneut über die Zeichnung. »Na ja, im Prinzip – warum nicht. Aber um einige technische Neuerungen werden wir auch hier in der Produktionshalle nicht herumkommen!« Und dann nach einer kurzen Pause: »Sag mal, Paul, meinst Du wirklich, dass wir damit die Konkurrenz ausstechen und gegen die Techniker von proSport eine Chance haben?«

»Allerdings«, erwiderte dieser vergnügt. »Da bin ich mir ganz sicher.«

Die nächsten beiden Stunden vergingen mit zahlreichen Überlegungen zur konkreten Aufgabenverteilung. Paul verkündete zur allgemeinen Überraschung, dass er die gesamte technische Entwicklung vertrauensvoll in Metzlers und Schröttles Hände legen wollte – um sich voll und ganz auf die neue Marketingstrategie zu konzentrieren. Denn eines war ihm bewusst geworden: Selbst wenn die EuroFit-Kette kein Interesse an seiner neuen Produktlinie hatte, würde er nicht umsonst daran gearbeitet haben. Hier war soeben ein Stück Zukunft entstanden, das nun zielgruppengerecht an den Mann gebracht werden musste. Jetzt galt es, vor allem genau zu überlegen, welche kommunikations-, distributions- und kontrahierungspolitischen Maßnahmen optimal zu dem Produkt passten. Das war die Aufgabe, die er mit Giovanna in den kommenden Wochen zu lösen hatte.

Nach der Sitzung lud er Giovanna auf einen Schluck Prosecco in sein Büro ein. »Gut gelaufen, oder?« Fröhlich prostete er ihr zu.

Und dann kam die unvermeidliche Frage: »Sag mal, Giovanna, wie kommt es, dass Du doch wieder Kontakt zu Blothekamp hast? Ich hoffe nicht, dass ich Dich da irgendwie unter Druck gesetzt habe ...«

Giovanna grinste ihn überlegen an. »Nein, mach Dir bitte keine Sorgen, Paul. Es war ausgesprochen nett mit Jörg, danke. Und genutzt hat es Dir ja auch, oder?« Mit dreister Unschuldsmiene stellte sie ihr Glas auf dem langen Besprechungstisch ab und nahm auf einem der alten Holzstühle Platz. Sie wusste genau, dass Paul zu gerne erfahren würde, wie sie an die Informationen gelangt war – doch in diesem Fall hüllte sie sich in Schweigen. Sollte er doch ruhig ein wenig schmoren. Schließlich musste er nicht wissen, dass ein gemütliches nächtliches Telefonat bereits ausgereicht hatte, um mehr mitzubekommen als Harald vermutlich in drei Wochen.

»Was hältst Du übrigens von Haralds Einstellung zu unserem Projekt?« Geschickt wechselte sie das Thema.

»Wieso?« Paul stutzte. »Der ist doch immer so: Erst skeptisch und dann macht er doch voll mit. Hast Du irgendwelche Bedenken?«

»Nein, nichts Konkretes.« Giovanna zog die Nase kraus. »Ich frage mich nur ... ach, egal. Vergiss es, es war Quatsch. Außerdem bin ich unglaublich müde und erschöpft. Wäre es möglich, den Nachmittag frei zu bekommen, Paul? Ich habe einiges an Schlaf nachzuholen.«

»Ja, ja natürlich.« Verwirrt blickte er ihr nach, als sie eilig sein Büro verließ. Durch das Fenster konnte er beobachten, wie sie kurze Zeit später den Parkplatz überquerte, in ihr Auto stieg und schnell davonfuhr.

Was war nur los mit seiner Assistentin? War etwa doch etwas Bedeutenderes zwischen ihr und diesem Blothekamp vorgefallen? Oder hatte ihr merkwürdiges Verhalten mit Harald zu tun?

Paul beschloss, Giovanna in der nächsten Zeit aufmerksam zu beobachten – Gelegenheit dafür würde sich ohnehin genug ergeben.

*

Die fünfte Todsünde des Marketing:

Falscher Mix der Maßnahmen

In Anlehnung an amerikanische Marketingexperten hat sich in Deutschland eine Einteilung der marketingpolitischen Instrumente in vier Bereiche durchgesetzt, die als die 4 Ps bekannt geworden sind:

1. Product (dt. Produktpolitik)

Alle Maßnahmen, die mit dem Produkt zusammenhängen und zu einer besseren Beurteilung beim Käufer führen, beispielsweise die Produktgestaltung, die Produktqualität, die Markenpolitik, die Produktlinienpolitik, die Verpackung, der Name oder die Garantieleistungen.

2. Price (dt. Kontrahierungspolitik, auch: Preis- und Konditionenpolitik)

Alles, was bei den Zahlungsmodalitäten dazu beiträgt, den Kaufabschluss zustande zu bringen, also die Preise, Rabatte, Liefer- und Zahlungsbedingungen oder die Kreditpolitik.

3. Place (dt. Distributionspolitik)

Alle Maßnahmen, die das Produkt vom Ort der Herstellung zum Abnehmer bringen, wie zum Beispiel die Gestaltung der Absatzwege, die Einschaltung des Handels (Großhandel, Einzelhandel, Zwischenhändler) und die Logistik.

4. Promotion (dt. Kommunikationspolitik)

Alles, was die angestrebte Zielgruppe über das Produkt oder die Leistung informiert und die Einstellung dazu positiv beeinflusst, also Werbung, Verkaufsförderung, Öffentlichkeitsarbeit, persönlicher Verkauf, Product-Placement oder Sponsoring.

In der richtigen Kombination eingesetzt, bieten diese Instrumente eine Fülle von Möglichkeiten, den Markt ziel- und zielgruppengerecht zu bearbeiten.

Als ungünstig erweist sich häufig die Nichtbeachtung oder Überbetonung eines oder mehrerer Instrumente, wie dies proSport im Bereich Produktpolitik mit der alleinigen Konzentration auf technische Perfektion betreibt, ohne zum Beispiel die Erfordernisse von Distribution oder Kommunikation zu beachten. Paul Wieland hingegen befasst sich mit allen vier relevanten Bereichen, prüft deren Relevanz für seine konkrete Aufgabenstellung und entscheidet sich dann für eine optimale Kombination Erfolg versprechender Maßnahmen.

Die häufigsten Fehler, die beim Einsatz der marketingpolitischen Instrumente gerne gemacht werden:

Produktpolitisch:

- Markteinführung unausgereifter Produkte (Einführungsrückschläge wegen schlechter Mund-zu-Mund-Propaganda)
- Unpassende Namensgebung

Kontrahierungspolitisch:

- Überbewertung des Themas Preis
- Falsche Einschätzung und Festlegung der Produktpreise (bezogen auf Wettbewerb oder auch rein psychologisch)
- Unzureichende Nebenleistungen (Wartungsverträge, Kundendienst)

Distributionspolitisch:

- Unzureichende Prüfung der möglichen Absatzwege
- Nichtbeachtung des Distributionsgrundsatzes „in richtiger Menge, zur richtigen Zeit, am richtigen Ort"

Kommunikationspolitisch:

- Versuch des Missbrauchs der Werbung für ein schlechtes Produkt
- Falscher Zeitpunkt einzelner Kommunikationsmaßnahmen (Werbung, wo etwa Öffentlichkeitsarbeit notwendig wäre)

Der Besuch

Schon halb zehn – sie war wieder einmal viel zu spät! Kurzerhand schlüpfte Giovanna aus ihren Schuhen, nahm sie in die Hände und rannte barfuß über den Parkplatz auf das Bürogebäude zu. Vorbei an einem sichtlich verblüfften Herbert Löhlein, der seine Frühstückspause in der Sonne gemeinsam mit Hans-Peter Schröttle auf einem Mauervorsprung vor dem Eingang genoss, sprintete sie grußlos zum Treppenaufgang und dann hinauf in den ersten Stock. Die beiden Männer blickten ihr wortlos und mit vor Erstaunen geöffneten Mündern nach.

»Was war das denn?« Als Erster ergriff Schröttle das Wort. »Hast Du das auch gesehen?«

»Eindeutig.« Herbert Löhlein feixte. »Schwarzwälder Kirschtorte mit ordentlich viel Schuss.«

Das Gelächter der beiden alten Herren drang bis in den ersten Stock empor, so dass Elisabeth Kirchner prompt geräuschvoll das Fenster schloss.

Unterdessen war Giovanna auf dem Gang vor ihrem Büro angelangt. Schnaufend bückte sie sich, um ihre Schuhe wieder anzuziehen. Es war ein ungewöhnlich heißer Morgen und Giovanna schwitzte ein wenig. Das war ihr hier im Schwarzwald bislang noch nicht passiert.

Dafür hatte sie bereits reichlich oft verschlafen. Sie konnte sich weder an die frühe deutsche Arbeitszeit, noch an das leise Summen ihres Funkweckers gewöhnen. Sie schaffte es tatsächlich, den einstündigen Brummton so lange zu überhören, bis er sich von selbst ausschaltete. Glücklicherweise sah Paul das mit dem Arbeitsbeginn nicht so eng – zumal sie ohnehin oft bis spätabends noch an ihrem Schreibtisch saß.

Giovanna richtete sich auf und wollte gerade auf ihr Büro zusteuern, als sie eine fremde männliche und sehr laute Stimme hörte. Irritiert hielt sie inne. Das

Geräusch kam eindeutig aus dem Konferenzraum. Giovanna fand, dass dies ausgesprochen merkwürdig war, denn für den heutigen Tag war im Kalender kein wichtiger Termin vermerkt, da war sie sich ganz sicher.

Behutsam näherte sie sich der Tür.

»Herrgott nochmal, das ist doch eine Nummer zu groß für Sie, Wieland!« Dann knallte eine Faust auf den Tisch.

Giovanna staunte. Wer wagte es, in diesem Ton mit ihrem Chef zu sprechen? Normalerweise stritt Paul sich mit Harald oder Schröttle – doch deren Stimmen hätte sie erkannt. Dabei war sie sich ganz sicher, diesen eigentümlichen und reichlich unangenehmen Tonfall vor nicht allzu langer Zeit gehört zu haben – nur wo?

Sie schlich noch etwas näher an die verschlossene Tür. Leider konnte sie Pauls Antwort nicht verstehen. Diese war jedoch offenbar nicht im Sinne seines Gegenübers ausgefallen, denn nun begann eine hitzige Diskussion, in die sich noch eine andere männliche Person einmischte, wenngleich nicht in dieser enormen Lautstärke. Es wurde immer geheimnisvoller.

Kurzerhand schlich Giovanna sich in ein kleines Nebenzimmer, das direkt an den Konferenzraum anschloss. Von hier aus – das hatte sie bereits mehrmals bemerkt – konnte man besser verstehen, was im großen Saal besprochen wurde.

Wieder nahm sie die bekannte Stimme wahr, die sie nicht zuordnen konnte: »Mensch Wieland, sehen Sie denn nicht die gigantischen Vorteile für Sie, die sich daraus ergeben könnten? Und in fünf Jahren verkaufen Sie dann den ganzen Laden gewinnbringend und haben Ihre Ruhe!«

Schallendes Gelächter folgte, eindeutig von Paul. Dann sprach er mit ruhiger Stimme weiter, die leider so leise war, dass Giovanna kein Wort verstand – so sehr sie sich auch konzentrierte. Was mochte im Konferenzzimmer vorgehen? Und wieso sollte Paul sich aus der Wieland Fahrradmanufaktur zurückziehen? Hatte er das etwa vor? Giovanna konnte es sich nicht vorstellen.

Plötzlich wurde es wieder laut. »... dann drücken wir Ihre kleine Schwarzwälder Klitsche an die Wand!« Obwohl Giovanna nur einen Teil des fast gebrüllten Satzes mitbekommen hatte, war die darin verborgene Drohung auch für sie deutlich herauszuhören. Beschwichtigende Worte folgten, dann konnte sie Pauls nun deutlich erhobene Stimme erkennen: »Meine Herren, ich denke, wir beenden unser Gespräch an dieser Stelle.«

Giovanna deutete einen leisen Pfiff an. So bestimmt und autoritär hatte sie Paul noch nie erlebt - nicht einmal in einer der endlosen Diskussionen mit Harald. Er hatte seine Gäste soeben eindeutig herausgeschmissen - das anschließende Stühlerücken bestätigte ihre Vermutung. Behutsam schlich sie zur halb geschlossenen Tür. Sie wollte zu gerne wissen, wer hier am frühen Morgen die Ruhe ihres Chefs gestört hatte.

Sie hatte sich kaum in Position gebracht, als sich die Tür des Besprechungszimmers schwungvoll öffnete. Heraus stürmte - Giovanna hielt vor Erstaunen den Atem an - Rolf E. Beyer, seines Zeichens Geschäftsführer der proSport AG in München. Es war seine Stimme, die sie zwar erkannt hatte, aber nicht zuordnen konnte. Sein Gesicht war hochrot angelaufen und er sah weder nach rechts noch nach links, als er sichtlich wütend zum Treppenhaus eilte.

Ihm folgte - und jetzt rieb Giovanna sich die Augen, weil sie glaubte zu träumen - Jörg Blothekamp, mit dem sie vor einigen Tagen noch telefoniert hatte. Auch Jörg beeilte sich, das Gebäude zu verlassen - drehte sich in der Tür jedoch noch einmal schulterzuckend und mit einem hilflos-freundlichen Grinsen zu Paul um. Dann verschwand er, ohne Giovanna bemerkt zu haben.

Lautlos trat diese in den Gang - gerade rechtzeitig, um Paul Wieland in die Arme zu laufen, der langsam und kopfschüttelnd den Besprechungsraum verlies. Giovanna schaute ihn erwartungsvoll an. »Was war denn das?«

Paul musterte sie nachdenklich. »Das frage ich mich auch.« Er zögerte einen Moment und fragte Giovanna dann betont geschäftig: »Hättest Du einen Moment Zeit für mich? Dann könnten wir uns kurz darüber unterhalten.«

»Ja, ja natürlich.« Giovanna wunderte sich zwar ein wenig über den ungewohnt kühlen Tonfall ihres Chefs, bat ihn jedoch freundlich in ihr Büro. »Gehen wir doch zu mir.«

Sie saßen kaum, als Paul loslegte: »Was hast Du diesem Blothekamp von uns erzählt?«

Verblüffte starrte Giovanna ihren Chef an. Was meinte er nur?

»Komm, sag schon. Du musst ihm doch irgendetwas darüber gesagt haben, wie wir hier zur Zeit arbeiten. Was weiß Blothekamp zum Beispiel über die technische Ausstattung unserer Produktionslinien?«

»Paul, tut mir Leid.« Giovanna wusste immer noch nicht genau, worauf er hinauswollte, spürte jedoch, dass plötzlich ein ungeheuerlicher Verdacht gegen sie im Raum stand. »Aber ich kann gerade nicht nachvollziehen, was Du von mir wissen willst.« Sie richtete sich auf und beugte sich energisch zu ihm hinüber. »Und falls Du meinst, ich habe meine Informationen zu proSport nur erhalten, weil ich Interna aus dem Schwarzwald ausgeplaudert habe, hast Du Dich mächtig getäuscht! Hältst Du mich für so blöd?«

Bei ihren letzten Worten war sie erregt aufgesprungen. Auch Paul hielt es nicht mehr auf seinem Stuhl. Er baute sich förmlich vor der zierlichen Italienerin auf. Seine Stimme zitterte, als er gefährlich ruhig nachfragte: »Und wie erklärst Du Dir dann, dass die proSport AG ganz plötzlich ihre Kooperation in Sachen Technik für die Präsentation anbietet? Ich habe die Münchner jedenfalls nicht darum gebeten. Aber vielleicht sollte ich besser Deinen Lover fragen! Entschuldigung, natürlich Deinen Ex-Lover ...«

Giovanna schossen vor Wut die Tränen in die Augen. Wortlos machte sie auf dem Absatz kehrt und verließ das Büro. Erschrocken sah Paul ihr nach, bestürzt über seine eigene Ungerechtigkeit. Dann rappelte er sich auf.

»Giovanna!« Paul lief ihr nach und hielt sie am Oberarm fest. »Giovanna bitte. Es – es tut mir Leid. Bitte, lass uns darüber reden.« Behutsam schob er sie in ihr Zimmer zurück und schloss die Tür. Schweigend verfolgte Giovanna seine Bewegungen.

»Ich hätte das so nicht sagen dürfen, ich weiß.« Zerknirscht fuhr er sich durch die Haare. »Aber ich war einfach so aufgebracht, das Ganze war so unerfreulich!«

»Was ist denn eigentlich passiert?« Giovanna hatte ihre Frage mit leiser Stimme gestellt und schaute ihn unsicher an.

Zunächst stockend und dann immer erregter erzählte Paul, was an diesem Morgen vorgefallen war: Die Herren von proSport standen plötzlich im Vorzimmer bei Frau Kirchner und wollten ihn sprechen. Da sie keinen Termin hatten, war seine Sekretärin zunächst sehr abweisend gewesen. Beyer und Blothekamp hatten ihr dann jedoch ihre Visitenkarten unter die Nase gehalten und sie derart verunsichert, dass sie die Besucher doch bei Paul anmeldete.

Paul war natürlich außerordentlich überrascht gewesen, unangekündigt derart hohen Besuch zu erhalten. Offenbar war diese Stippvisite in den Schwarzwald von seinen Besuchern ganz spontan durchgeführt worden – zumindest machten die beiden Herren eine diesbezügliche Bemerkung.

»Ja, und was wollten die beiden hier?« Ungeduldig unterbrach Giovanna seinen Redefluss.

»So genau weiß ich das eigentlich auch nicht«, musste Paul zugeben. »Aber Beyer fand offenbar, dass der potenzielle Auftrag von EuroFit zu groß für einen alleine wäre – und wollte mit uns gemeinsame Sache machen.«

»Was?« Giovanna traute ihren Ohren nicht. »Er hat Dir eine Partnerschaft angeboten? Sei bloß vorsichtig!«

»Bin ich auch, keine Sorge.« Paul beruhigte sie. »Außerdem wurde ich in dem Gespräch – das übrigens fast eine Stunde dauerte – irgendwie das Gefühl nicht los, dass die da unten in München mit dem Rücken an der Wand stehen.« Er zuckte mit den Schultern. »Weißt Du, dieser Blothekamp sprach davon, man könne ja unser Entwicklungs-Know-how und deren Produktionskapazitäten in einem besonders attraktiven Angebot bündeln und auf diesem Weg BodyTop bei der Präsentation ausstechen. Außerdem haben mir die Herren angeboten, dass wir auch bei bereits bestehenden Produktlinien zusammenarbeiten könnten.«

»Wusst ich's doch!« Giovanna schnippte mit den Fingern. »Siehst Du, Paul, genau das, was ich gesagt habe. Jörg hatte mir das ja schon angedeutet: Die proSport AG steckt in Schwierigkeiten! Wahrscheinlich steht dieser Beyer jetzt ziemlich unter Druck.«

»Den Eindruck hatte ich auch«, bemerkte Paul lakonisch. »Blothekamp ist in unserem unerfreulichen Gespräch wenigstens ruhig geblieben, aber dieser Beyer – Du hättest seine Drohungen hören sollen, die er ausstieß, nachdem klar war, dass bei uns nichts zu holen ist. Klar, dem sitzen wahrscheinlich seine Aktionäre im Nacken. Trotzdem, ein ziemlich unangenehmer Zeitgenosse.«

»Tja, das findet seine Frau wohl auch.« Giovanna grinste, als sie Pauls fragenden Blick sah. »Na ja,« konkretisierte sie ihre Bemerkung verschmitzt, »sonst hätte sie wahrscheinlich kein Verhältnis mit Jörg.«

»Wie bitte? Woher weißt Du das denn schon wieder?« Paul schüttelte belustigt den Kopf. »Hat er Dir das etwa auch gebeichtet?«

Giovanna lachte kurz auf: »Da gibt es nichts zu beichten, Paul. Jörg und ich haben einen sehr lockeren Umgang miteinander. Und in diesem Rahmen erzählt man sich eben das eine oder andere Detail aus seinem Leben. Außerdem ist er eigentlich mit einer jungen Dame aus der Personalabteilung liiert ...«

»Soso, hochinteressant.« Paul biss sich auf die Unterlippe. »Und welche Details hast Du ihm erzählt?«

Giovanna lachte immer noch. »Nichts, was von Interesse für die Wieland Fahrradmanufaktur wäre, glaube mir bitte. Und entschuldige, aber alles andere geht Dich wirklich nichts an.« Dann wurde sie schlagartig ernst. »Paul, ich finde wir sollten trotzdem einmal genau nachdenken, wieso die beiden überhaupt hier aufgetaucht sind. Irgendjemand muss ihnen doch signalisiert haben, dass Du unter gewissen Umständen Interesse zeigen könntest, oder?«

Paul nickte nachdenklich, sie hatte natürlich Recht. Vielleicht sollte er doch noch einmal mit Harald reden. Oder wäre es nicht vielleicht besser, Giovanna zu schicken?

»Immerhin beweist dieser Besuch, dass wir hier von der Konkurrenz ernst genommen werden – das ist doch ganz erfreulich, oder?« Paul schreckte aus seinen Gedanken hoch. Was hatte Giovanna da gesagt?

Offenbar sah sie ihm an, dass er ihr nicht zugehört hatte, denn sie wiederholte ihre Bemerkung noch einmal. Paul stimmte ihr zu – aber das war ihm ohnehin schon seit langem klar. Denn sonst wäre sein Unternehmen niemals von EuroFit in den Pitch gerufen worden. Und jetzt galt es, das Beste daraus zu machen ...

»Sag mal Giovanna«, begann er umständlich, »was hältst Du davon, Dich mit Harald ein wenig über unsere Besucher zu unterhalten?«

Die Italienerin verstand sofort, worauf Paul hinauswollte und lächelte wissend. »Alles, klar, Chef, mache ich. Aber nur unter einer Bedingung!«

»Ja?« Paul fragte irritiert nach.

»Ich möchte in Zukunft nichts Abwertendes mehr über mein Verhältnis zu Jörg Blothekamp hören. Jörg ist ein netter Kerl und unterhaltsamer Bekannter – mehr nicht. Verstanden?«

Erleichtert nickte Paul mit dem Kopf. Er hatte Giovanna wirklich Unrecht getan. Wie konnte er das nur wieder gutmachen? Einer plötzlichen Regung folgend lud er sie zum Essen ein.

»Weißt Du, in dieses italienische Restaurant wollte ich Dich schon seit langem führen. Enzo kocht einfach wunderbar! Was meinst Du?«

Giovanna freute sich sichtlich über die überraschende Einladung. Außerdem lockte sie die Vorstellung, endlich einmal wieder italienische Antipasti genießen zu können. Sie selbst war nämlich entschieden zu bequem, derart aufwändig zu kochen. Deshalb sagte sie spontan zu. Sie vereinbarten, dass Paul sie am Abend um acht Uhr abholen würde.

Kurze Zeit später spazierte Giovanna gut gelaunt hinüber in die Werkhalle. Wie immer herrschte in dem modernen Gebäude ohrenbetäubender Lärm, da die Produktion natürlich trotz der anstehenden Prototypenentwicklung und teilweisen Neuorientierung der Wieland Fahrradmanufaktur unverändert weiterlief.

Im hinteren Bereich unweit von Harald Metzlers Büro hatte man für das gemeinsame Forschungs- und Entwicklungsteam einen Bereich mit Glaselementen abgetrennt. Giovanna spähte neugierig hinüber. Zwischen Bergen von Papierrollen lagen zahlreiche Materialproben und technische Geräte, die sie nicht weiter zuordnen konnte. Auf jeden Fall sah alles nach viel Arbeit aus – und das war gut so.

Harald blickte freudig überrascht von seiner Arbeit auf, als Giovanna sein Reich betrat. »Giovanna, das ist aber eine Überraschung!« Mit einer einladenden Geste bot er ihr einen Stuhl an, doch Giovanna stellte sich zu ihm hinter den Schreibtisch. Sie stützte sich auf der Rückenlehne seines Drehstuhls ab und starrte interessiert auf den Bildschirm seines Computers. »Was machst Du denn da gerade?«

Die Marketingassistentin erkannte lediglich Zahlenkolonnen mit kryptisch anmutenden Zeichenkombinationen.

»Oh, ich glaube, das ist für Dich völlig uninteressant, meine Liebe.« Mit einem Mausklick ließ Harald das Zahlenmeer verschwinden. »Ich beschäftige mich gerade mit Materialdichten und Leitfähigkeiten verschiedener Metalle«, fügte er dann noch erklärend hinzu.

»Ach so.« Giovanna bemühte sich um einen eifrigen Gesichtsausdruck. »Und wie weit bist Du sonst so in Sachen Präsentation?«

Harald lächelte belustigt. »Wer hat Dich denn geschickt, um mein Arbeitspensum zu kontrollieren?« Doch als er Giovannas zartrosa anlaufendes Gesicht wahrnahm, legte er beschwichtigend die Hand auf ihren Arm und gab bereitwillig Auskunft.

»Also, so richtig konkrete Dinge kann ich Dir noch nicht zeigen, tut mir Leid. Zur Zeit teste ich die von Schröttle und seinem Team vorgeschlagenen Materialien auf ihre Eignung und Beständigkeit – vorher brauchen wir mit dem Prototyp nämlich gar nicht anzufangen. Bislang bin ich mir aber nicht sicher, ob das alles überhaupt etwas wird – wir sind nämlich noch nicht allzu weit und die Zeit ist knapp. Außerdem bin ich nach wie vor nicht überzeugt davon, hier das Richtige zu tun.«

Giovanna war erstaunt über Haralds Ehrlichkeit, mit der er keinen Hehl aus seiner Skepsis machte. Eines musste man ihm wirklich lassen: Er war konsequent und stand zu dem, was er sagte. Giovanna bewunderte den technischen Leiter insgeheim für dieses Durchhaltevermögen – es war gewiss nicht leicht, die eigene Meinung gegen all die anderen Mitarbeiter zu vertreten.

Neugierig fragte sie nach: »Wie meinst Du das? Findest Du Schröttles Vorschlag nicht gut?«

»Doch, natürlich«, beeilte Harald sich zu sagen, »die Idee ist im Prinzip genial. Ich glaube nur, dass die Prioritäten hier falsch gesetzt werden. Was machen wir denn, wenn wirklich plötzlich ein Großauftrag kommt? Woher sollen wir dann die Produktionskapazitäten nehmen – geschweige denn ausreichend geschultes Personal?«

Giovanna schaute durch die Glaswände in die riesige Halle hinüber und verstand plötzlich, was Harald meinte. Zur Zeit wurden hier Fahrradergometer verschiedener Größen und Typen aus einzelnen technischen Modulen zusammenmontiert – mehr nicht. Hatte Paul das etwa nicht berücksichtigt?

»Ist es denn so aufwändig, die Produktion entsprechend umzurüsten?« Giovanna war jetzt wirklich neugierig.

»Aufwändig ist vielleicht der falsche Begriff«, stellte Harald vorsichtig richtig. »Mit einigen Umbauarbeiten und Ergänzungen wird es wahrscheinlich sogar relativ kurzfristig machbar sein. Das Problem ist nur, dass wir plötzlich ein völlig neues Gebiet betreten, was wiederum komplett andere technische Ausrüstungen erfordert – und genau hier setzt meine Kritik an!«

Er hielt einen Moment inne und räusperte sich. Dann fuhr er fort: »Weißt Du, Giovanna, es will mir einfach nicht in den Kopf, warum wir plötzlich auf ein Produkt setzen, das zwar neu und sicherlich irgendwie auch spannend ist, jedoch keinerlei Erfahrungswerte und solide Prognosen ermöglicht. Warum baut Paul – gerade auch für EuroFit – unsere bewährte Produktlinie nicht um andere Ergometer und Gerätetypen aus? Dazu müsste er lediglich in die Technik investieren, denn das Know-how ist bereits vorhanden. Und eine gute Technik ist nun einmal die Basis für den Erfolg.«

»Aber das ist doch nicht alles«, wandte Giovanna vorsichtig ein. »Was nützt ein gutes Produkt, wenn es nicht zielgruppengerecht ist? Und der Clou an Schröttles Idee ist ja zu einem großen Anteil auch das geniale Vermarktungspotenzial, das darin steckt, oder?«

Trotz ihres Einwandes konnte Giovanna die Sorgen des technischen Leiters dennoch gut nachvollziehen. In gewisser Weise hatte er natürlich Recht. Doch ähnelte seine Einstellung in puncto Marketing in Grundzügen der Jörg Blothekamps, was sie weniger angenehm fand: Immer wieder hatte dieser Giovanna damals in Portugal mit der These geärgert, rein rechnerisch und mit den Augen eines Controllers gesehen sei sie für Ihr Unternehmen vollkommen überflüssig.

»Jetzt fängst Du auch schon damit an!« Harald war mittlerweile von seinem Stuhl aufgestanden und hatte nun vor Giovanna auf der Schreibtischkante Platz genommen. »Findest Du nicht auch, dass dieses Thema hier etwas zu breit getreten wird? Marketing – früher ging es doch auch ohne!«

»Nun, es ist immerhin mein Job.« Giovannas Tonfall war deutlich kühler geworden. »Im Übrigen liegst Du falsch: Marketing war schon immer ein wichtiger Baustein für den Unternehmenserfolg – nur hat man es früher nicht so systematisch betrieben. Aber damals waren die Märkte ja auch übersichtlicher ...«

»Ja, ja, schon gut.« Harald grinste Giovanna augenzwinkernd an. »Und ich sehe natürlich auch, dass Paul und Du gute Arbeit machen – das wollte ich nie abstreiten. Aber trotzdem finde ich, dass hier im Unternehmen zu viele Mittel ins Marketing fließen, während die Produktionsanlagen immer noch einiges zu wünschen übrig lassen.«

Nachdem sich der technische Leiter wieder beruhigt hatte, druckste er ein wenig herum, gab sich schließlich einen Ruck und stellte dann eine Frage, die ihm offenbar schon seit längerem auf der Zunge lag: »Sag mal, Giovanna, wen kennst Du eigentlich bei proSport? Ich wusste gar nicht, dass Du dort auch Kontakte hast.«

Giovanna konnte sich ein Lächeln nicht verkneifen. »Sorry, Harald, ich würde es Dir wirklich gerne verraten – aber das darf ich nicht. Das ist eine Frage der Ehre – das verstehst Du doch, oder?«

»Natürlich, keine Frage.« Das betont eifrige Nicken des technischen Leiters sprach Bände. Giovanna setzte nach: »Übrigens war Blothekamp von proSport heute Morgen hier im Werk. Gemeinsam mit Beyer. Paul war jedenfalls ziemlich überrascht, als die beiden auftauchten.«

»Beyer und Blothekamp waren hier? Und was wollten die beiden von Paul?« Harald schien ehrlich erstaunt.

»Oh, irgendeine Form der Kooperation, glaube ich. Aber Paul hat sie ziemlich abserviert.« Giovanna sah im Geiste wieder den wütenden Geschäftsführer des Münchner Wettbewerbers vor sich.

»Abserviert? Er hat den Boss von proSport wirklich abserviert?« Harald stöhnte und fasste sich an den Kopf. »Jetzt ist er völlig übergeschnappt. Größenwahnsinnig. Ich fass es nicht.« Er holte tief Luft. Dann sammelte er sich wieder und wandte sich erneut Giovanna zu.

»Komm, lass uns nicht mehr über die Arbeit reden, okay? Ich mache einen anderen Vorschlag: Was hältst Du davon, gemeinsam mit mir einen Ausflug nach Strasbourg zu machen? Man kann dort herrlich einkaufen, die Stadt ist wunderschön und ich kenne einige gute Restaurants. Am kommenden Wochenende wollte ich eigentlich hinfahren.«

Giovanna überlegte. Es klang zumindest verlockend und war besser als ein Samstag allein vor dem Fernseher. Außerdem war Harald ein interessanter Begleiter, wenn es um kulturelle Themen ging. Und zu guter Letzt stand immer noch ein gemütliches gemeinsames Essen aus – nachdem das erste so verunglückt war. Spontan sagte sie zu und verabredete sich für Samstagmorgen mit ihm.

Dann machte sie sich wieder auf den Weg in ihr Büro, während Harald sich seinen Zahlen zuwandte.

*

»Und, hast Du etwas herausgefunden?« Paul hatte seine Assistentin schon ungeduldig erwartet. »Hat Harald das Treffen inszeniert?«

In wenigen Sätzen gab Giovanna den Inhalt ihres Gesprächs mit dem technischen Leiter wieder, wobei sie darauf verzichtete, ihre gemeinsame Wochenendplanung zu erwähnen. Auch Paul war sich nicht sicher, wie er Haralds Verhalten deuten sollte. Nach wie vor konnte er sich jedenfalls nicht vorstellen, dass Harald in irgendeiner Form der proSport AG zuarbeitete.

»Weißt Du, Giovanna«, Paul schaute ihr tief in die Augen, »ich traue hier niemandem zu, für die Konkurrenz zu arbeiten. Und ich hoffe sehr, dass ich mich in dieser Einschätzung nicht täusche …«

Der Italienerin wurde es gleichzeitig heiß und kalt. Was trieb sie hier nur für ein Spiel? Einerseits äußerte sie Verdachtsmomente gegen einen Kollegen, der ihr eigentlich sehr nahe stand – und andererseits war sie keinen Deut besser. War jetzt vielleicht endlich die Gelegenheit gekommen, Paul alles zu beichten? Mit Rodman hatte sie es sich wahrscheinlich ohnehin verscherzt; seit ihrem letzten Telefonat vor zwei Wochen hatte sie sich nicht mehr in Denver gemeldet.

»Giovanna, entschuldige bitte, aber ich muss dringend zu Frau Kirchner.« Paul bekam plötzlich einen hektischen Gesichtsausdruck. »Ich habe total vergessen, dass sie heute Nachmittag frei hat und von mir noch Informationen und Unterschriften braucht.« Ohne ihre Antwort abzuwarten, eilte er zu Tür. Dort drehte er sich noch einmal um und lächelte sie vergnügt an. »Also, falls wir uns nicht mehr sehen – bis heute Abend.« Dann fiel die Tür lautstark ins Schloss.

*

»Wo fahren wir eigentlich hin?« Giovanna saß im Auto neben Paul und wunderte sich, weil er eindeutig aus Nagold herausfuhr. »Ich dachte, dieser sagenumwobene Enzo kocht irgendwo im Städtchen.«

»Nein, ein Stück weiter draußen.« Paul lächelte. »Lass Dich einfach überraschen.«

Für den Rest der Fahrt schwiegen sie. Giovanna genoss die Tour durch die landschaftliche Schönheit des Schwarzwaldes, der ihr anfangs so trübe und abweisend erschienen war. Doch mittlerweile hatte sie erkannt, wie angenehm das Leben in den kleinen Tälern südlich von Pforzheim tatsächlich war und fühlte sich in ihrer Wahlheimat sehr wohl.

Eine knappe halbe Stunde später passierten sie das Ortsschild von Hirsau. Giovanna stutzte. War das nicht jener Ort, wo sie sich am Tag ihrer Bewerbung die Schuhe versaut hatte? Und hatte Paul nicht sogar Hirsau als »magisch« bezeichnet?

Wieder einmal stellte Giovanna fest, wie gut Paul ihrem Gesicht ablas, was in ihr vorging. »Na, unangenehme Erinnerungen?« Aus dem Augenwinkel heraus zwinkerte er ihr zu. »Keine Sorge, von heute an wirst Du ein anderes Bild von Hirsau mit Dir herumtragen, garantiert.«

Schwungvoll bog er auf den Schotterparkplatz eines unscheinbaren Landhauses ein. »So, da wären wir!«

»Bei Enzo« schien ein Geheimtipp zu sein – und zwar ein gut besuchter, wie Giovanna feststellte. Paul hatte einen Tisch auf der idyllisch von Weinranken zugewachsenen Terrasse reserviert; alle anderen Plätze waren bereits besetzt.

»Ciao Paolo!« Ein untersetzter dunkelhaariger Mann mit einem gemütlich dicken Bauch kam mit freudig ausgebreiteten Armen auf sie zu. »Wie schön, dass Du mir wieder einmal die Ehre erweist! Du hast Dich lange nicht mehr blicken lassen.«

»Ciao Enzo. Darf ich vorstellen: Eine Landsmännin von Dir: Giovanna Rossini.«

»Oh, äh – wie nett.« Verlegen schüttelte Enzo der jungen Italienerin die Hand. Giovanna konnte sich das Lachen kaum verbeißen. Enzo ein Italiener? Mit dem Akzent? Sie erwiderte sein Lächeln jedoch höflich und ließ sich bereitwillig zu ihrem Platz führen.

»Ein Acqua minerale und eine Flasche unseres Barolo, wie immer?« Enzo wusste ziemlich genau, was Paul mundete. »Gerne, ja.« Paul strahlte den kleinen Wirt an. »Und was empfiehlst Du heute sonst so?«

Es folgte ein abenteuerliches Kauderwelsch aus ein paar Brocken Italienisch, Deutsch und Giovanna völlig unbekannten Sprachfragmenten, bis Paul gemeinsam mit Enzo eine Menüfolge zusammengestellt hatte. In der Zwischenzeit standen auf ein Zeichen des Wirtes hin bereits Wein und Wasser auf dem Tisch.

Als Enzo mit der Bestellung in der Küche verschwunden war, beugte Giovanna sich kichernd nach vorne. »Was soll das sein? Ein Italiener? Also Paul, ich bitte Dich, Enzo mag ja irgendwo aus dem Süden kommen – aber ein Italiener ist er bestimmt nicht!«

»Wie bitte?« Paul starrte sie entgeistert an. »Aber das ist doch ein italienisches Restaurant. Und Enzo hat nie etwas anderes erzählt ...«

»Wollen wir wetten?« Giovannas Augen blitzten vor Vorfreude. Mit einer freundlichen Geste winkte sie Enzo zurück an den Tisch. »Signor Enzo, potrebbe dirmi, da dove viene esattamente il suo pesce spada?«

Enzo war während Giovannas Frage im Gesicht rot angelaufen. Betreten wischte er sich die Schweißperlen von der Stirn.

»Also – äh – Signora, mein Italienisch ist leider nicht mehr so gut ...«

»Enzo, das darf doch wohl nicht wahr sein!« Paul schlug mit der flachen Hand auf den Tisch. »Und wir haben die ganze Zeit geglaubt ...« Der Rest des Satzes ging in schallendem Gelächter unter. Giovanna konnte sich ebenfalls nicht mehr halten – und nach einer Weile stimmte auch Enzo mit ein.

Als sie sich beruhigt hatten, wollte Paul es genauer wissen: »Nun sag schon, Enzo – oder wie auch immer Du heißen magst – wo kommst Du wirklich her?« Der Wirt beugte sich nah zu ihnen herunter. »Aus Teheran«, flüsterte er verschwörerisch, »aber bitte nicht herumerzählen!«

Giovanna hakte nach: »Und wieso können Sie italienisch kochen?«

»Ich habe sechs Jahre in San Remo in einer hervorragenden Trattoria gearbeitet – ich bin nämlich von Haus aus Koch, müssen Sie wissen. Und zwar ein guter!« Langsam gewann der kleine Perser seine kurzfristig verlorene Selbstsicherheit und Jovialität wieder.

»Nun, dann freue ich mich schon auf Ihre Antipasti!« Gut gelaunt griff Giovanna nach ihrem Rotweinglas und prostete Paul zu. Dieser tat es ihr gleich, während Enzo sich bereits dem Nachbartisch zuwandte.

Paul konnte die jüngste Erkenntnis zu Enzos Herkunft immer noch nicht fassen. »Ein Perser. Das hätte ich nie gedacht.« Kopfschüttelnd starrte er in sein Weinglas. »Ist sein Italienisch wirklich so schlecht?«

Giovanna feixte. »Nein, schlecht eigentlich nicht – nur eben abenteuerlich.«

Während sie in den nächsten zwei Stunden gefüllte Pilze, eingelegte Riesenkapern und Auberginen, Rucola-Salat mit frischem Parmesan und dann Seewolf an Limonenspinat genossen, mussten sie immer wieder über Enzos dreiste Komödie lachen. So kam es, dass sie gegen elf gut gelaunt bereits die zweite Flasche Rotwein geleert hatten. Giovanna spürte die Wirkung des Weins vor allem dadurch, dass sie manchmal für einen kurzen Moment ins Italienische verfiel, bis Pauls verständnisloser Blick sie daran erinnerte, dass sie im Schwarzwald war. Probleme machten ihr auch ihre Augen. Sie hatte schon immer den Eindruck, dass übermäßiger Alkoholgenuss sich ungünstig auf ihre Kontaktlinsen auswirkte – und sie musste mehrmals auffällig blinzeln, um ihr Gegenüber genau fixieren zu können.

»Weißt Du, ich bin extrem kurzsichtig. Und ich trage Kontaktlinsen«, erzählte sie Paul freimütig. »Und abends brennen die manchmal in den Augen.«

Nach diesem Geständnis blickte Paul ihr tief in die leuchtend blauen Augen. »Steht Dir aber gut«, stellte er trocken fest. Dann stützte er seinen Kopf in die Hände und lächelte sie verschwörerisch an. »Was hältst Du davon, wenn wir den Nachtisch bei mir auf der Terrasse einnehmen? Ich hätte eine Crema di Medici zu bieten ...«

Giovanna freute sich, endlich würde sie wieder einmal in den Genuss der wunderbaren Terrasse hinter der alten Villa kommen. Schnell zahlten sie und eine halbe Stunde später fuhren sie bei Paul vor. Wie schon bei ihrem letzten Besuch steuerte Giovanna sofort die Terrasse an, während Paul sich zunächst um etwas zu Trinken bemühte. Wieder kam er mit zwei Gläsern Rotwein an, was sie belustigt zur Kenntnis nahm. Hatten sie heute nicht schon genug getrunken? Immerhin musste Paul sie noch nach Hause fahren ...

Dann machten sie es sich in den Teakholz-Sesseln bequem.

Schweigend genossen sie die Hitze der Nacht, den Duft von Sommerflieder und Lavendel und natürlich den schweren Wein. Giovanna spürte, dass sie etwas zu viel getrunken hatte. Sie fühlte sich seltsam leicht und beschwingt.

Plötzlich stand Paul auf. Mit ihrem Weinglas in der Hand folgte sie ihm mit ihren Blicken. Er hatte seine Jacke ausgezogen und begann unruhig vor ihr auf und ab zu laufen. Dabei bewegte er sich ausgesprochen geschmeidig, so dass Giovanna sich unwillkürlich fragte, wie sich seine dunkle Haut wohl anfühlte.

Sie nahm einen kräftigen Schluck Rotwein und räusperte sich. »Paul ...« Erstaunt fuhr Paul herum und starrte sie an. Hilflos zuckte Giovanna mit den Schultern – die Situation war ziemlich verworren.

Langsam ging er auf sie zu, nahm ihr das Weinglas aus der Hand, stellte es achtlos beiseite und ergriff ihre Hand. Er ließ sie dabei nicht aus den Augen. Giovanna war wie hypnotisiert, sah nur noch diese leuchtend graublauen Augen und fühlte ein leises Kribbeln in ihrem Körper aufsteigen. Sie erhob sich wehrlos aus ihrem Sessel und folgte ihm, als er sie an das andere Ende der Terrasse zog. Bei der Steinbalustrade über dem romantisch beleuchteten Garten drehte Paul sich um und blickte ihr tief in die Augen. Vorsichtig griff er in ihr Haar und strich es sanft über ihre Schulter zurück. Dann spürte Giovanna seine Hand am Reißverschluss ihres Kleides, das sich jetzt im Rücken öffnete, um kurz darauf lautlos von ihren Schultern zu gleiten. Pauls Augen verengten sich, als sie, nur mit schwarzer Seidenwäsche bekleidet, vor ihm stand, sein Atem ging nun ebenfalls schneller. Energisch packte er sie an den Oberarmen, drehte sie mit dem Rücken zur Balustrade und hob sie auf die Steinmauer. Ihre Köpfe waren nun auf gleicher Höhe.

Während er sie an sich zog, nahm Giovanna unbewusst wahr, dass sie einen Schuh verloren hatte. Dann begann Paul sie zu küssen und schälte sich dabei gleichzeitig aus seinem Hemd. Irgendwie schaffte er es sogar, seine Jeans abzustreifen – wie, war Giovanna jedoch ein Rätsel. Denn seine Hände schienen gleichzeitig überall an ihrem Körper zu sein, was ihre Lust ins Unermessliche steigerte. Für einen kurzen Moment fiel ihr ein, dass dieses Intermezzo eigentlich nicht geplant war – und dass sie dies vielleicht bereuen würde – dann versank sie in einem Taumel aus schweißnasser Haut, rasendem Puls und Pauls nicht immer jugendfreien Worten, die er ihr ins Ohr raunte.

Allzu lange hielten Paul und Giovanna es allerdings nicht auf der harten Steinbalustrade aus, obwohl er sich äußerst geschickt anstellte und es ihr so bequem wie möglich machte. Dennoch zogen sie bald auf die gepolsterten Unterlagen um, die Paul einfach von den Sesseln gerissen und auf den Boden gelegt hatte.

Für Giovanna folgten die erotischsten Stunden ihres Lebens. Und sie fühlte sich dabei so gut wie nie zuvor. Und Paul tat endlich das, wovon er schon seit Monaten heimlich geträumt hatte: Er liebkoste ihre strahlend weiße Haut, genoss ihre Zierlichkeit und die aufregende Gewissheit, mit Giovanna zumindest für diese eine Nacht ein Juwel zu besitzen.

Als sie zum ersten Mal aus ihrem Rausch erwachten, da die Nacht nun doch etwas kühler geworden war und Paul Decken holte, war es bereits drei Uhr früh. Eng aneinander gekuschelt schliefen sie ein, bis lautes Vogelgezwitscher sie in die Realität zurückholte.

Entsetzt sprang Giovanna auf – es war bereits hell. Eilig zog sie sich an und weckte Paul. Für ein Taxi war es jetzt entschieden zu spät – bald würden die ersten Produktionsmitarbeiter auf dem benachbarten Werksgelände auftauchen. Und auf das Gerede konnten beide gut verzichten!

So kam es, dass kurze Zeit später ein lauter Alfa Romeo mit deutlich überhöhter Geschwindigkeit durch den Schwarzwald raste und die Idylle der morgendlichen Ruhe empfindlich störte.

*

Die sechste Todsünde des Marketing:

Rein stofflich-technische Produktinnovation

Produkte, die die Wünsche und Bedürfnisse der Konsumenten berücksichtigen, sind die Grundvoraussetzung für ein erfolgreiches Marketing. Nicht umsonst wird die Produktpolitik als das Herz des Marketing betrachtet. Auch für Paul Wieland ist klar: Wer ein Produkt oder eine Leistung an Zielgruppenbedürfnissen vorbei am Markt platzieren will, wird langfristig auch mit dem größten Marketing-Etat nicht viel ausrichten können. Paul hat deshalb im Gegensatz zu proSport auch die emotionalen Bedürfnisse der Menschen in seinem Marktsegment analysiert.

Leider konzentrieren sich viele Unternehmen immer noch schlicht darauf, mit neuen Produkten lediglich bessere Funktionen zu bieten. So auch Pauls Wettbewerber proSport, der lediglich die technische Perfektion im Blick hat. Doch gerade in Zeiten eines unüberschaubaren Angebotes an Waren und Dienstleistungen und einer immer größeren Ähnlichkeit muss ein Produkt mehr bieten als nur den **Grundnutzen**, der Summe aller physikalischen, chemischen, technischen und funktionalen Faktoren.

Viel wichtiger scheint heute der persönlich empfundene **Zusatznutzen**, den der Käufer mit dem Produkt erhält: die emotionale Komponente, die sich nicht in den rein stofflichen Eigenschaften wiederfindet. Und genau das wird oft bei Produktneueinführungen unterschätzt. So kann das Produkt beispielsweise dazu beitragen, das Ansehen des Käufers zu erhöhen und gar als Statussymbol betrachtet zu werden. Bei eingeführten Marken oder Luxusartikeln sind es meist weniger die tatsächlichen Produkteigenschaften als vielmehr die Emotionen und Assoziationen, die ein Produkt für eine Käuferschicht begehrenswert machen.

Dieser Zusatznutzen kann aber auch zum Beispiel darin liegen, dass das Produkt für einen anderen als den ursprünglich vorgesehenen Zweck benutzt werden kann.

Der Wert also, den der Käufer dem Produkt oder der Leistung subjektiv beimisst, stellt heute die eigentliche Herausforderung für jeden Unternehmer dar.

Der Countdown

»Hör mal, Giovanna, wie findest Du das? ‚Mehr Energie – weniger Kosten' – oder aus Betreibersicht: ‚In Ihnen steckt mehr Potenzial, als Sie denken!'« Paul stand mit ein paar Ausdrucken seiner PowerPoint-Charts für die Präsentation in der Tür zu Giovannas Büro.

Die Italienerin blickte irritiert von ihrer Arbeit auf. »Was bitte?«

Paul lachte warm. »Hey, Du bist ja völlig abwesend! Immer noch müde? Oder war Dein Wochenende mit Harald so anstrengend?«

»Quatsch!« Giovanna drehte sich schwungvoll mit ihrem Stuhl herum, während Paul die Tür schloss und sich an ihrem kleinen Besprechungstisch niederließ. »Ich war gerade nur damit beschäftigt, Haralds Daten zum persönlichen Energieverbrauch in Relation zur Energieproduktion zu stellen – und das ist nicht ganz einfach. Diese Tabellen sollen ja auf den ersten Blick zeigen, um was es uns geht.«

»Ach so.« Paul schielte hinüber auf ihren Bildschirm. »Kommst Du denn mit Haralds Zahlenkolonnen zurecht?«

»Ja, ja, es geht schon.« Giovanna nickte zufrieden. »Außerdem haben wir am Samstag auf der Fahrt nach Strasbourg ausführlich darüber geredet – das war ziemlich wichtig. Ich glaube, er hat endlich ansatzweise begriffen, warum der Knackpunkt bei unserer Idee der strategische Ansatz ist.«

»Ach ja? Das wäre ja eine kleine Sensation ...«, murmelte Paul mit hochgezogenen Augenbrauen. »Und, wie war es sonst so mit ihm?«

Giovanna musste heimlich lächeln. Nach ihrer gemeinsamen Nacht mit Paul war es außerordentlich schwierig gewesen, das Thema Harald überhaupt anzuschneiden. Offenbar hatte Paul das Gefühl, Giovanna gehöre jetzt zu ihm – was sie jedoch etwas anders sah – zumal sie immer noch keine Gelegenheit gefunden hatte, ihm ihre anfängliche Spionagetätigkeit zu beichten. Also hatte

Giovanna sich Bedenkzeit ausgebeten, bis die Präsentation bei EuroFit vorbei war. Zum einen wollte sie sich bis dahin über ihre eigenen Gefühle klar werden, zum anderen mochte sie sich durch nichts von ihrer täglichen Arbeit ablenken lassen. Denn auch sie wollte den Pitch mit der Wieland Fahrradmanufaktur unbedingt gewinnen – nur so würde Rodman vielleicht begreifen, wie hoch das Ross war, auf dem er immer noch saß.

Sie dachte mit Schaudern an ihr letztes Telefonat: Rodman hatte ihr bereitwillig und siegessicher von seinen Vorbereitungen für die Präsentation berichtet. Die Amerikaner konzentrierten sich offenbar mit aller Kraft darauf, multifunktionale Neuentwicklungen zu erfinden, die sich zum gezielten Training bestimmter Muskelpartien eigneten. Ein reines Fahrradergometer war für Rodman undenkbar – seine Produktideen trugen hochtrabende Namen wie »Multipower« oder »Muscleman« und suggerierten sofort das Bild eines schweißnassen Arnold Schwarzenegger.

Giovanna fragte sich insgeheim, ob sich zum Beispiel die beiden freundlichen jungen Frauen aus der Buchhaltung, von denen sie wusste, dass sie regelmäßig ins Studio gingen, an derartige martialische Kampfmaschinen wagen würden – und war sich plötzlich ziemlich sicher, mit Paul und den anderen hier im Schwarzwald auf dem richtigen Weg zu sein.

»Und was sagt er sonst so, unser technischer Leiter?« Paul versuchte vergeblich, seiner Frage einen belanglosen Ton zu verleihen.

»Oh, er heiratet bald.« Giovanna grinste, als sie Pauls verblüfftes Gesicht sah. »Seine Freundin ist schwanger. Und ich glaube, er freut sich sehr, nachdem der erste Schock vorüber ist.«

»Wie bitte? Harald und Petra bekommen Nachwuchs?« Paul rieb sich vergnügt die Hände. »Wer hätte das gedacht. Und ich war immer der Meinung, dass er eigentlich mit Dir ...«

»Hör auf damit, Paul!« Giovannas Gesicht hatte einen energischen Ausdruck bekommen. »Wir hatten doch vereinbart, diese privaten Angelegenheiten für eine Zeit lang ruhen zu lassen – also halte Dich auch bitte daran, okay?«

»Schon gut, schon gut.« Paul zog eine zerknirschte Grimasse. »Können wir uns denn heute noch einmal zusammensetzen und prüfen, welche Unterlagen uns für die Präsentation noch fehlen? Ich würde Dir dann auch meine Slogan-Ideen vorstellen.«

»Gerne. Aber lass mich diese Aufstellung bitte erst fertig machen, ja?« Giovanna drehte sich wieder zu ihrem Bildschirm. »Wir können uns ja in einer

Stunde im Konferenzraum treffen – da haben wir genügend Platz, um unser Material zu sichten.«

Zufrieden verließ Paul das Büro seiner Assistentin. Sie hatte sich in den letzten Wochen unglaublich engagiert in das Thema eingearbeitet und seine Vorstellungen von Marketing förmlich wie ein Schwamm aufgesogen. Immer wieder waren sie in gemeinsamen Gesprächen mittags in der Kantine oder bei Besprechungen auf die seiner Meinung nach am meisten verbreiteten Fehler beim Marketing zu sprechen gekommen – und Giovanna hatte stets schnell begriffen, worum es ihm ging. Nur das Thema »Budgetplanung« hatte kurzfristig für Meinungsverschiedenheiten gesorgt, da sie wie Harald zunächst der Meinung war, nur mit einer an den vorhandenen finanziellen Mitteln orientierten Methode zum Ziel zu kommen.

Es hatte dann einen ganzen Nachmittag gebraucht, um Giovanna die von ihm bevorzugte Methode, sich an der Ziel- und Aufgabenstellung zu orientieren, näher zu bringen – und sie davon zu überzeugen, dass man das vermeintlich darin verborgene Risiko mit einer angemessenen Zieldefinition gut im Griff hatte.

Paul hatte in diesem Zusammenhang noch einmal erkannt, dass die weltweit verstreuten Marketingabteilungen bei BodyTop völlig anders arbeiteten, als er für angemessen hielt. Denn mit Finanzplanungen hatten sie offenbar nur bedingt zu tun und waren reine Exekutivorgane der Zentrale in Denver. Wie gut, dass Giovanna so aufnahmebereit war und teilweise in Mailand sogar bereits selbst über die Nachteile dieser Methode gestolpert war.

Zurück in seinem Büro begann Paul damit, die überall verstreuten Unterlagen zusammenzusuchen. Im Prinzip arbeitete er zur Zeit an zwei Marketingplänen: dem für die Wieland Fahrradmanufaktur – und einem provisorischen Plan für EuroFit. Denn er wollte in der Präsentation zeigen, dass die Schwarzwälder bereits weiter dachten, also über den rein stofflichen Nutzen des Produktes hinaus. Dazu hatte Paul sich in den vergangenen Wochen zahlreiche Informationen zum EuroFit-Konzern zusammengetragen, wobei er erstaunlich viel Unterstützung aus der Züricher Konzernzentrale erfahren hatte. Offenbar wusste man dort auch um die Bedeutung der vielen unternehmenspolitisch relevanten Parameter, wenn es um Produktneueinführungen ging – und Hürliman schien sehr interessiert daran, wie Paul mit diesen Daten verfahren würde. Nun, die Schweizer mussten sich noch ein wenig gedulden, der Präsentationstermin war erst in knapp sechs Wochen. Und bis dahin war noch verdammt viel zu tun.

Eine gute Stunde später saß er gemeinsam mit Giovanna am großen Konferenztisch im Besprechungszimmer. Beide sortierten zunächst schweigend ihre Unterlagen, ehe Paul das Wort ergriff: »Womit fangen wir am besten an?« Er überlegte einen Augenblick. »Ich denke, wir sollten vielleicht zunächst prüfen, was wir an Materialien zu den neuen Produkten an sich haben, oder?«

Giovanna nickte zustimmend. Dann begann sie, ihre Papiere auf dem Tisch zu verteilen. »Also, hier habe ich die relevanten Daten zum energetischen Nutzen – jetzt als Chart aufbereitet. Das hier«, sie zog ein paar Transparentbögen hervor, »sind die technischen Zeichnungen inklusive der Detailausschnitte – allerdings noch im Original. Ich bin mir auch noch nicht sicher, inwieweit wir diese Dinge tatsächlich ausführlich präsentieren sollen. Und dann«, Giovanna blätterte eifrig in einem anderen Papierstapel, »habe ich hier noch die Beispielberechnungen für verschiedene Kundentypen, die unser Produkt nutzen könnten. Ich würde sie gerne noch grafisch aufarbeiten lassen – was meinst Du?«

Paul stimmte ihr zu. »Für Ende der Woche habe ich ohnehin einen Termin mit der Werbeagentur anberaumt – schließlich möchte ich alle Präsentationsunterlagen in unserem Corporate Design vorlegen. Die Grafiker können sich dann auch mit den Tabellen und Zeichnungen auseinander setzen; wir müssen nur dafür sorgen, dass wir möglichst genau briefen. Du kannst doch auch am Freitag so gegen vierzehn Uhr, oder?«

Pauls Frage war eigentlich mehr eine Feststellung und so erwartete er keine Antwort von Giovanna, sondern fuhr sofort mit seinen Gedanken fort.

»Also: Ich habe hier unsere Marktanalyse inklusive einer eingehenden Zielgruppen- und Wettbewerbsbetrachtung, die neuesten Ergebnisse aus der Trendforschung, die Produktionskosten und natürlich die Zeichnungen des Prototyps.« Er ordnete Giovannas Papieren weitere Blätter zu. »Und dann sind hier die verschiedenen Vorschläge für die unterschiedlichen Facetten der Kommunikation.«

Er hob beschwichtigend die Hand, als Giovanna sofort nachhaken wollte. »Ja, ja, ich weiß, dafür haben wir unsere Agentur. Trotzdem finde ich, es ist wichtig, zumindest hier im Hause den Tenor festzulegen – zumal es ja um zwei verschiedene Dinge geht, die genau differenziert werden müssen.«

Giovanna blickte ihn fragend an.

»Na ja«, Paul runzelte die Stirn, »was wir hier in erster Linie machen, ist ein hypothetischer Marketingplan für EuroFit. Hypothetisch deshalb, weil wir zwar das eine oder andere über den Laden wissen, aber nichts Genaues in der Hand haben. Außerdem kennen wir die strategische Ausrichtung der Schweizer im Hinblick auf die nächsten Jahre nur ansatzweise.« Er unterbrach sich kurz und kramte in seinen Unterlagen, bis er gefunden hatte, wonach er suchte.

»Hier, das sind die Eckdaten, die wir haben. Und das hier ist der Ausschreibungstext in zusammengefasster Form als Zieldefinition für unsere Produktion.« Paul fixierte ein großformatiges Flip-Chart-Papier an der Pinnwand. »EuroFit will ein Erfolg versprechendes Produkt, das wir zukunftsfähig machen, indem wir uns nicht nur auf den rein stofflich-technischen Grundnutzen konzentrieren – und der allein ist bei unserer Idee ja schon immens hoch –, sondern darüber hinaus einen Zusatznutzen bieten, der über Emotionen und nicht materiell erfassbare weitere Vorteile entsteht. Und dazu brauchen wir ein grob strukturiertes Marketingkonzept mit Ansätzen einer durchdachten Kommunikationspolitik. Denn sonst können wir unser Anliegen nicht vermitteln. Das ist das eine.«

»Und was für eine zweite Schiene meintest Du eben?« Giovanna hatte den roten Faden nicht verloren – trotz der umständlichen Erklärungen ihres Chefs.

»Nun, das liegt doch eigentlich auf der Hand, oder?« Paul rieb sich die Augen, stand auf und starrte einen Moment aus dem Fenster. Dabei stellte Giovanna fest, dass er wieder einmal seine heiß geliebten Flipflops trug. Dann drehte er sich zu seiner Assistentin um. »Gesetzt den Fall, dass wir den Pitch nicht gewinnen, haben wir hier ein tolles neues Produkt ohne Abnehmer. Und genau das möchte ich verhindern. Deshalb habe ich parallel damit begonnen, einen Aktionsplan für die Wieland Fahrradmanufaktur zu erarbeiten, um dann direkt durchstarten zu können. Außerdem ist ja noch nicht klar, ob es bei EuroFit tatsächlich um Exklusivverträge geht oder ob es sich um reine Belieferungen handelt. Dann spricht nämlich nichts dagegen, dass wir weitere Abnehmer suchen.«

Giovanna nickte anerkennend; Paul überließ wirklich nichts dem Zufall. »Hast Du mit Harald darüber geredet?« Sie konnte sich nämlich gut vorstellen, dass diese Perspektive die Sorgen des technischen Leiters ein wenig mildern würde. Doch Paul hatte bislang keine Zeit dazu gefunden, zumal auch Harald zeitlich sehr eingespannt war.

»Und womit machen wir jetzt weiter?« Giovanna verspürte das dringende Bedürfnis, Struktur in die Papierberge auf dem Schreibtisch zu bringen.

»Ich denke, wir sollten uns zunächst auf die Nutzenversprechen unseres Produktes konzentrieren«, überlegte Paul laut. »Denn schließlich ist dieser Bereich das Kernstück unserer Präsentation. Außerdem brauchen wir die Argumente für das Agenturbriefing am Freitag. Vielleicht haben die Kreativen dann ja auch noch ein paar witzige Ideen für Anzeigenmotive oder Plakate.«

Im gemeinsamen Brainstorming erarbeiteten Paul und Giovanna weitaus mehr Zusatznutzen für ihr Produkt, als anfänglich gedacht. Denn hinter den tatsächlich messbaren Vorteilen der neuen Fahrradergometer verbargen sich emotionale und sogar imaginäre Nutzenerlebnisse, die bei Statements wie »Mit dem neuen Produkt tut man etwas für das Allgemeinwohl« begannen und mit allgemeinen Aussagen wie »Jetzt bin ich ein guter Mensch« endeten. Sie notierten jedes noch so kleine Argument, das ihnen einfiel, und sammelten so eine ganze Liste von Nutzenversprechen. Sehr schnell wurde ihnen dabei klar, dass die Agentur noch einiges zu tun hatte: Gefragt waren emotionale Slogans, die mit ihrem Nutzenversprechen die Zielgruppen ins Herz treffen und damit neue Kundenschichten erschließen.

Zu Pauls Überraschung tat sich Giovanna mit den seiner Meinung nach griffigsten Argumenten, die sich auf die Ökologie konzentrierten, schwer. In einer hitzigen Diskussion stellte sich dann heraus, dass Umweltschutz in Italien kein positiv besetztes Thema war – ein interessantes Detail, wie Paul fand. Er beschloss daraufhin, noch einmal genauer das offenbar national unterschiedliche Image einzelner Argumente zu recherchieren, um Hürliman dann für jedes Land die angemessenen Argumente liefern zu können.

Am späten Nachmittag hatten Paul und Giovanna ihre Unterlagen endlich so weit geordnet, dass sie sich zum ersten Mal befriedigt zurücklehnen konnten. Sie wussten jetzt, was noch fehlte, und hatten die Aufgaben schnell untereinander aufgeteilt. Es kam zwar noch viel Arbeit auf sie zu, sie waren jedoch gut im Zeitplan.

»Ich würde zu gerne wissen, wie weit unsere Mitbewerber mit ihren Präsentationsvorbereitungen sind«, sinnierte Paul, während er einen Bleistift kunstvoll in der Hand hin und her drehte. »Hoffentlich hat keiner eine ähnliche Idee gehabt.« Er seufzte schwer.

»Oh, ich glaube, da brauchst Du Dir nicht allzu viele Sorgen machen«, warf Giovanna locker in die Stille des Raumes. »Ich bin mir nämlich ziemlich sicher, dass sich BodyTop wieder einmal auf rein amerikanische Wertvorstellungen beruft und damit locker am Markt vorbeischießt.«

»Aber Hürliman ist Halb-Amerikaner«, wandte Paul ein.

»Ja, aber er ist nicht blind«, entkräftete Giovanna den Einwand sofort. »Überleg doch bitte einmal: EuroFit wird seit Jahren von BodyTop beliefert. Wenn Hürliman damit zufrieden wäre, hätte er doch auf die Präsentation verzichtet, oder?«

Das war ein schlagkräftiges Argument, das musste auch Paul zugeben. »Und proSport, was glaubst Du, bringen die Münchner zustande?«

Giovanna zuckte mit den Achseln. »Vermutlich die tollste Hydraulik der Welt – aber dermaßen langweilig verpackt, dass Hürliman schon bei der Präsentation einschläft!« Wie auf ein geheimes Kommando brachen beide in Gelächter aus und alberten noch eine Weile über die Konkurrenten und ihre Produkte herum, ehe sie sich wieder in ihre Büros zurückzogen.

»You've got mail« wurde Giovanna an ihrem Arbeitsplatz lautstark von ihrem Computer begrüßt. Neugierig loggte sie sich ein. Wer mochte sie um diese Uhrzeit anschreiben?

Die E-Mail kam aus den USA, genauer gesagt aus der Firmenzentrale von BodyTop und war kurz und knapp gehalten: »Dear Giovanna, I would like to meet you in Zurich after your presentation at EuroFit. Please confirm the appointment asap. Thanks, John K. Rodman.«

Erstaunt starrte Giovanna auf ihren Bildschirm. Wieso wollte Rodman sie treffen? Eigentlich war doch alles gesagt. Zum Abschluss ihres letzten Telefonates hatten sie sich nämlich darauf geeinigt, ihre konspirative Zusammenarbeit zu beenden. Rodman hatte offenbar erkannt, dass er mit Giovannas Informationen nichts anfangen konnte und erstaunlich bereitwillig zugestimmt, sie in Zukunft nicht mehr zu behelligen – vorausgesetzt, der kleine Deal sprach sich in der Branche nicht herum. Außerdem vermutete Giovanna, dass man in Denver überzeugt von einem Sieg in Zürich war, so dass ihre Dienste ohnehin nicht mehr erforderlich sein würden. Denn der deutschsprachige Markt, da war sich Rodman ganz sicher, würde mit dem EuroFit-Auftrag wieder kräftig anziehen.

Giovanna fragte sich insgeheim, ob auch Peter Greenfield die Situation derart einseitig einschätzte. Sie hatte Greenfield nämlich als einen zwar loyalen, aber durchaus kritischen Mitarbeiter von BodyTop kennen gelernt. Bevor sie in den Schwarzwald kam, hatte sie von ihm viele Informationen zu Paul

Wieland und seinem Unternehmen erhalten. Damals wurde sie den Eindruck nicht los, dass in seinen Ausführungen unterschwellig Bewunderung für den kleinen Schwarzwaldbetrieb mit dem jungen Chef mitschwang.

Andererseits kannte sie Rodman und wusste ganz genau, dass Greenfield mit Überlegungen, die nicht linientreu waren, keine Chance hätte. Und der Vertriebschef hatte Familie und Kinder, die auf seinen Verdienst angewiesen waren. Von daher, so schätzte Giovanna, würde Greenfield seine möglichen Zweifel wahrscheinlich für sich behalten.

Mit zufriedenem Gesichtsausdruck wandte Giovanna sich wieder ihrem Bildschirm zu. Nein, sie hatte im September leider keine Zeit für Rodman. Aber es würde sich sicherlich zu einem späteren Zeitpunkt einmal die Gelegenheit für ein Treffen ergeben, ergänzte sie höflich und schickte ihre Absage ins Netz.

*

Gegen Abend steckte Hans-Peter Schröttle überraschend seinen Kopf in Giovannas Büro. »Frau Rossini, hätten Sie einen Moment Zeit für mich?«

Neugierig blickte Giovanna den freundlichen Entwickler an, der nun mit verschmitztem Lächeln in das Zimmer huschte.

»Es ist nämlich so«, begann Schröttle umständlich, »wir kommen jetzt langsam in die Testphase.«

Verständnislos neigte Giovanna ihren Kopf. Was wollte Schröttle damit sagen?

Der Entwickler verschränkte nervös seine Hände und druckste auffällig herum. Dann fuhr er fort: »Ja also, der Prototyp steht jetzt ja streng genommen. Natürlich noch nicht fertig, aber als Gerüst, Sie wissen schon.«

Giovanna wusste zwar nicht, was er meinte, hörte jedoch aufmerksam zu.

»Na ja, und nun brauchen wir Zielgruppen. Das heißt, die haben wir ja eigentlich schon, auf dem Papier sozusagen. Aber wir müssen sie testen. Nicht das Papier natürlich.« Hilflos zuckte er mit den Schultern.

Giovanna starrte ihn entgeistert an. Hatte Schröttle etwa getrunken? So wirr drückte er sich doch sonst nicht aus. Was hatte der emsige Tüftler mit den Zielgruppen zu schaffen und was wollte er eigentlich testen? Und wieso kam er damit zu ihr?

»Herr Schröttle, wovon reden sie eigentlich?« Mit sanfter Stimme forschte die Italienerin nach. »Was möchten Sie denn von mir?«

»Na, dass Sie unseren Prototyp testen!«

»Ich?« Giovanna sprang in einer Mischung aus Empörung und Belustigung auf. »Ich soll den Prototyp testen? Wie stellen Sie sich das denn vor?«

Schröttle kramte umständlich in der Tasche seines unvermeidlichen Kittels. »Wissen Sie, das ist ganz einfach, Frau Rossini.« Er zog ein mehrfach gefaltetes Blatt Papier hervor, entblätterte es, setzte seine Brille auf und fing an, vorzulesen: »Also – heute Abend ist Frau Brenner aus der Buchhaltung dran, morgen Silvia Kollmar, Sie wissen schon, die ehemalige Freundin von Herrn Wieland. Tja, und übermorgen sind Sie dann an der Reihe – pünktlich um neunzehn Uhr in unserem Projektbüro in der Werkhalle.«

»Wie bitte? Das ist doch wohl nicht Ihr Ernst!« Giovanna hatte endlich begriffen, was Schröttle von ihr wollte.

»Doch, doch«, erwiderte Schröttle vergnügt, »Sie repräsentieren doch einen wichtigen Teil der Zielgruppe. – Das hat Paul, ich meine natürlich Herr Wieland, übrigens auch so gesehen«, fügte er noch hinzu.

Giovanna kochte innerlich. So eine Frechheit – und Paul, dieser feige Hund, hatte ihr nichts davon gesagt. Mit zuckersüßer Stimme hakte sie nach: »Und welchen Teil der Zielgruppe, bitteschön, repräsentiere ich?«

Schröttle schien von Giovannas Wut nichts zu merken und gab bereitwillig Auskunft. »Na ja, wenn Sie es genau wissen wollen ... Sie gehören eher in die Gruppe der eigentlich nicht sehr sportlichen und tendenziell bequemen Frauen, die sich freiwillig nicht auf ein Fahrradergometer oder Ähnliches setzen würden ...«

»Allerdings!«, unterbrach Giovanna seine Erläuterungen. »Würden Sie mich bitte jetzt entschuldigen?« Wutschnaubend stürmte sie aus dem Büro und platzte ohne anzuklopfen bei Paul hinein. Der sprang erschreckt auf – was war nur in seine Assistentin gefahren?

»Sag bitte, dass das nicht wahr ist!« Fauchend baute Giovanna sich vor seinem Schreibtisch auf.

Paul wusste natürlich sofort, um was es ging und konnte sich ein Grinsen kaum verkneifen. Doch er nahm sich zusammen, um sie nicht noch mehr zu provozieren.

»Giovanna, meine Liebe«, begann er treuherzig, »ich weiß natürlich, dass Du Fitness-Geräte eigentlich nicht magst – aber wir sind nun einmal darauf angewiesen, verstehst Du?«

»Nein, das verstehe ich nicht«, gab Giovanna barsch zurück. »Ganz und gar nicht! Warum soll ausgerechnet ich ...«

»Ist doch ganz einfach«, fiel Paul ihr ins Wort. »Du wirst die emotionalen Nutzen, diese immateriellen weichen Faktoren bei Hürliman präsentieren, während ich mich auf die Technik konzentriere. Und da musst Du doch wenigstens einmal auf dem Gerät gesessen haben, oder?«

Zähneknirschend musste Giovanna zugeben, dass dies in der Tat ein Argument war. Sie warf Paul einen zornigen Blick zu und verließ türenknallend sein Büro. Erst jetzt prustete dieser los – die Vorstellung, dass Giovanna vor den Augen des Projektteams auf dem Fahrradergometer schnaufte, war einfach zu komisch.

*

Am nächsten Abend schlich Giovanna in die Werkhalle. Schon von weitem sah sie Silvia in einem leuchtend orangefarbenen Sportdress in dem gläsernen Projektbüro auf einem Ergometer-ähnlichen Teil strampeln. Mit verbissener Miene kämpfte die sportliche Frau gegen imaginäre Widerstände, wobei ihre ausgeprägte Muskulatur unter den hauchdünnen Trikots hervorragend zur Geltung kam. In den beifälligen Blicken der anwesenden Fachleute aus Technik und Entwicklung erkannte Giovanna stillschweigende Bewunderung für einen Körper, dem sie selbst nur wenig Reiz abgewinnen konnte.

Silvia war übrigens von Kopf bis Fuß verkabelt. Überall standen Geräte, die irgendwelche Zahlen sammelten oder dokumentierten, und Giovanna hatte den Eindruck, in ein menschliches Forschungslabor zu blicken.

»Na, machst Du Dich gedanklich schon einmal warm?« Unbemerkt war Harald an ihrer Seite aufgetaucht. Als er Giovannas genervten Blick sah, legte er tröstend den Arm um sie. »Mach Dir nichts daraus, das gehört hier einfach dazu. Glaube mir: Bei Wieland hat jeder schon einmal zu Forschungs- oder Testzwecken auf einem der Geräte gesessen, niemand wird Dich auslachen.«

Dankbar lächelte Giovanna dem technischen Leiter zu. Sein Versuch, sie zu besänftigen, war wirklich nett gemeint. Trotzdem graute ihr vor dem nächsten Abend – ob Paul dann auch zu den Zuschauern gehören würde?

Doch Giovannas Sorge erwies sich als unbegründet: Lediglich Schröttle, ein junger Mitarbeiter und Harald Metzler erwarteten sie am folgenden Tag in dem gläsernen Projektbüro. Giovanna hatte sich in eine alte Jogginghose und ein viel zu großes weißes T-Shirt geschmissen und sah ungewohnt lässig aus.

Umständlich hievte sie sich auf den Sattel des Gerätes, das in der Mitte des Raumes aufgebaut war. So ganz ohne Verblendungen und schnittiges Design und mit all den bunten Kabeln sah es eher aus wie ein modernes Kunstobjekt. Ein wenig neugierig geworden wagte Giovanna einen vorsichtigen Tritt in die Pedale.

»Halt, noch nicht!« Haralds Aufschrei ließ sie augenblicklich zusammenfahren. »Wir müssen Dich doch noch an die Messgeräte anschließen.«

Erst eine Viertelstunde später konnte Giovanna endlich anfangen. Im Gegensatz zu ihrer Vermutung waren der Sattel des Gerätes und die Ausrichtung zum Lenker außerordentlich bequem. Schwungvoll stieg sie in die Pedale und erlebte so zum ersten Mal am eigenen Leib, was die vielen Käufer und Nutzer der Wieland-Produkte so ansprechend fanden. Giovanna war in zweifacher Hinsicht beeindruckt: Einerseits hatte sie plötzlich Spaß an der Bewegung, andererseits spürte sie instinktiv, Zeuge der Geburtsstunde eines ganz besonderen Produktes zu werden. Und so merkte sie gar nicht, wie die Zeit verrann und hielt sichtlich erstaunt inne, als Harald ihr nach einem lauten »So, das reicht jetzt!« die Hand zum Absteigen hilfreich hinhielt.

Ein wenig schnaufend stand Giovanna den Entwicklern dann Rede und Antwort, indem sie über Bewegungsführung, Geräuschempfinden und vor allem Bequemlichkeit Auskunft gab. Als sie sich danach von den Herren verabschiedete, zwinkerte Schröttle ihr fröhlich zu und raunte ein herzliches »Danke« in ihr Ohr.

Vergnügt machte Giovanna sich auf den Heimweg.

*

Am nächsten Morgen wachte Giovanna mit einem ihr unbekannten Schmerz in Po und Beinen auf. Fluchend ächzte sie ins Badezimmer – soweit sie die Situation richtig deutete, hatte sie einen entsetzlichen Muskelkater! Das konnte ja heiter werden. Stöhnend absolvierte sie ihre morgendlichen Vorbereitungen, ehe sie sich auf den Weg ins Büro machte.

Auf dem Gang vor ihrem Büro wurde sie von Elisabeth Kirchner abgefangen. »Frau Rossini, dürfte ich Sie einen Moment in mein Zimmer bitten?«

Erstaunt folgte Giovanna der älteren Dame, die immer dunkle Kleidung trug und fast nie lächelte. Die Chefsekretärin hatte bereits Kaffee gekocht und zwei Tassen auf ihrem Schreibtisch bereitgestellt. Ächzend und sehr vorsichtig ließ Giovanna sich auf einem Stuhl neben dem Schreibtisch nieder.

»Ach Gott, Sie Ärmste! Hat es Sie jetzt auch einmal erwischt?« Belustigt, aber gleichzeitig voller Mitleid musterte Elisabeth Kirchner die Marketingassistentin. »Ist der Muskelkater sehr schlimm?«

Giovanna nickte gequält.

»Warten Sie, da habe ich etwas für Sie.« Pauls Sekretärin öffnete die Tür eines kleinen Schränkchens und holte eine Flasche mit einer durchsichtigen Flüssigkeit heraus. »Echter Franzbranntwein – den Tipp hat mir der alte Wieland einmal gegeben.«

Vertrauensvoll beugte sie sich zu Giovanna. »Wissen Sie, früher musste ich nämlich auch testradeln.«

»Ach, Sie auch ...?« Giovanna musste unwillkürlich lachen. Dann widmeten sich beide ihren dampfenden Kaffeetassen. Giovanna spürte, dass soeben ein unsichtbares Band zwischen ihr und der älteren Kollegin geknüpft worden war.

»Frau Rossini, weswegen ich Sie zu mir gebeten habe«, fing diese jetzt an, »ist ein wenig schwierig für mich. Ich brauche nämlich Ihre Hilfe.«

Giovanna richtete sich erstaunt auf. Wobei könnte sie der erfahrenen Kollegin behilflich sein? »Worum geht es denn?«, fragte sie deshalb höflich nach.

»Um meine Mutter.« Elisabeth schob ihre Brille höher auf die Nase und erzählte Giovanna dann von ihrer persönlichen Situation: Elisabeth Kirchner kümmerte sich nämlich seit Jahren um ihre kranke und über neunzigjährige Mutter, die bettlägerig war und bei ihr in der Wohnung lebte. Da sie unverheiratet war, hatte sie eine Pflegerin, die die alte Frau tagsüber betreute, bis sie abends von der Arbeit nach Hause kam. Doch nun sah es so aus, als würde die Mutter nicht mehr lange leben, ihr Zustand hatte sich in den letzten Woche zunehmend verschlechtert. Und die Sekretärin wollte die letzten Wochen oder Tage am Bett ihrer geliebten Mutter verbringen. Dazu brauchte sie Urlaub, unbezahlten natürlich, und wollte Giovanna darum bitten, ein gutes Wort für Sie bei Paul einzulegen.

Giovanna überlegte nicht lange. »Natürlich geht das, Frau Kirchner. Und ich bin sicher, dass Paul das genauso sieht. Machen Sie sich bitte keine unnötigen Sorgen – ich kümmere mich sofort darum.«

Auf dem Weg in Pauls Büro kreisten ihre Gedanken um die ältere Kollegin. Wieder einmal wurde ihr bewusst, wie sehr man sich täuschen konnte, wenn man von Äußerlichkeiten voreilig auf den Charakter eines Menschen schloss. Wie vermutlich die meisten im Unternehmen hatte auch sie Elisabeth Kirchner stets mit einer strengen Gouvernante oder schlicht einem Drachen verglichen. Diszipliniert und unfreundlich waren die Adjektive, die meist im Zusammenhang mit ihrer Person fielen – und Giovanna ahnte, dass niemand von ihrer kranken Mutter wusste.

Paul bestätigte ihre Vermutungen – er kannte Elisabeth Kirchner wohl noch am besten. Im Gespräch mit ihm erfuhr Giovanna dann auch, dass die Sekretärin seinem Vater treu bis zur Selbstaufgabe ergeben war. Außerdem trug sie erst seit dem Tod des Seniors ihre schlichte, schwarze Kleidung, was immer wieder zu Gerede führte. Auch Paul glaubte, dass sie seinen Vater heimlich verehrt hatte.

Den Urlaub gewährte er ihr selbstverständlich sofort. Er gab ihr sogar noch den Tipp, sich eine Krankschreibung für pflegebedürftige Angehörige zu holen, damit sie dann, wenn sie es wirklich brauchte, ausreichend Urlaub zur Verfügung hatte. Dankbar nahm Elisabeth Kirchner das Angebot an. Und Giovanna wusste, dass sie eine neue Vertraute im Unternehmen gefunden hatte.

Unterdessen gingen die Vorbereitungen für die Präsentation unaufhörlich weiter. In zahlreichen nächtlichen Sitzungen komplettierten Giovanna und Paul ihre Präsentationsunterlagen. Hinzu kamen mehrere Termine mit der Werbeagentur, in der die kreativen Grafiker und Texter Hand in Hand mit ihnen arbeiteten und die Fakten in eine ansprechende Form brachten.

Im gesamten Werk spürte man, dass etwas Wichtiges vor sich ging. Das Team um Metzler und Schröttle hatte sich zu Stillschweigen über das neue Produkt verpflichtet, so dass – wie so oft in solchen Fällen – die Gerüchteküche brodelte. In der Kantine bekamen Giovanna und Paul manches Mal mit, welche Produktvarianten in den Spekulationen der anderen Mitarbeiter gerade hoch im Kurs waren – und sie kamen mehrmals aus dem Staunen nicht mehr heraus. Am hartnäckigsten hielt sich das Gerücht, Schröttle hätte eine Maschine erfunden, die den Körper stählte, ohne anzustrengen – Elektromotoren sollten es angeblich möglich machen. Paul feixte – das wäre doch die ideale Lösung für seine Marketingassistentin.

Im Gegensatz zu den anderen an der Präsentationsvorbereitung beteiligten Personen wirkte Paul in den letzten beiden Wochen vor dem Termin überaus gelassen. Ihn schien nichts aus der Ruhe zu bringen – nicht einmal der totale Netzwerkzusammenbruch, der aus unerfindlichen Gründen eineinhalb Tage lang sämtliche Computer der Firma lahm legte. Sein unerschütterlicher Optimismus half den anderen Mitarbeitern, schwierige Phasen der Vorbereitung zu überwinden und stärkte einmal mehr das allgemeine Vertrauen in den jungen Chef.

Giovanna hingegen wurde Tag für Tag nervöser. Paul hatte mit ihr vereinbart, dass sie die Präsentation in Doppelmoderation durchführen würden – und plötzlich bekam die Italienerin Lampenfieber. Was, wenn sie den Faden verlor – oder, viel schlimmer, ihr die richtigen deutschen Worte nicht einfielen? Immer wieder übte sie die fertigen Vortragsteile ein und machte innerlich drei Kreuze, dass sie sich im Zweifelsfall an den Charts der PowerPoint-Präsentation entlanghangeln konnte.

Mehr und mehr wurde ihr nun auch bewusst, dass für sie sehr viel auf dem Spiel stand: Denn sollte Rodman den Wettbewerb gewinnen und Paul erfahren, dass sie ursprünglich für die Amerikaner gearbeitet hatte, wäre sie nicht nur ihren Job los, sondern höchstwahrscheinlich auch den Mann, mit dem sie gerne noch viele Tage und Nächte verbringen wollte. Nichts war in diesem Fall nämlich näher liegend, als Giovannas Spionagetätigkeiten für die Niederlage verantwortlich zu machen.

Paul fand Giovannas Nervosität maßlos übertrieben. »Was machst Du Dich so verrückt? Du bist so gut im Thema – da kann gar nichts schief gehen«, pflegte er ihr immer wieder zu sagen. Außerdem waren die Charts und Motivideen der Werbeagentur derart überzeugend ausgefallen, dass sie schon damit punkten würden – da war Paul sich ganz sicher. Dennoch bemühte er sich rührend um Giovanna und versuchte, die letzten Arbeitstage vor dem großen Tag so angenehm wie möglich zu machen.

Dazu gehörte dann auch, dass er ihr den Dienstag und halben Mittwoch vor der Präsentation, die am Donnerstag stattfinden sollte, freigab. Auch Paul wollte an diesen Tagen nicht arbeiten, sondern hatte sich spontan dazu entschlossen, mit Silvia wandern zu gehen – was Giovanna insgeheim sehr ärgerte.

Mittwochs trafen sie sich dann nachmittags im Konferenzzimmer, um die Unterlagen endgültig zu ordnen. Giovanna erkundigte sich absichtlich nicht nach Pauls Ausflug mit der Ex-Freundin, obwohl es sie brennend interessiert hätte. Und Paul hüllte sich in Schweigen.

Am Abend trafen Sie in der Werkhalle mit Schröttle, Metzler und dem Entwicklungsteam zusammen, die ihnen noch einmal alle Funktionen des Prototyps erklärten. Giovanna machte sich eifrig Notizen – nicht, dass sie in der Aufregung plötzlich wichtige Details vergaßen! Dann halfen alle mit, das

Gerät mit dem Zubehör bruchsicher zu verpacken und in dem dunklen Van zu verstauen, den Paul eigens zu diesem Zweck angemietet hatte.

Danach verabschiedeten sie sich voneinander – nicht ohne noch einmal die guten Wünsche der beteiligten Mitarbeiter entgegenzunehmen.

Giovanna verbrachte den Abend dann vor ihrem Fernseher, um sich abzulenken, während Paul unruhig in seiner Villa auf und ab lief. Auch ihm war klar, dass diese Präsentation am nächsten Tag die Weichen für die folgenden Jahre seines Lebens stellen würde. Und wie alles weitergehen würde, hing nicht zuletzt davon ab, wie Giovanna sich entscheiden würde.

*

Die siebte Todsünde des Marketing:

Ungeeignete Form der Budgetplanung

Eigentlich eine Selbstverständlichkeit, doch in der Praxis wenig verbreitet ist der Grundsatz, das Marketing-Budget an den definierten Marketing-Zielen zu orientieren. Und Harald Metzlers heftige Auseinandersetzung mit dem jungen Wieland zeigt das hartnäckige Festhalten an der Idee, den Etat für das Marketing ausschließlich an aktuell verfügbaren finanziellen Überschüssen zu orientieren, anstatt diese Aufwendungen – wie auch bei der Anschaffung von Maschinen – als Investition in die Zukunft zu begreifen.

Untersuchungen über die unterschiedlichen Arten der Budgetplanung haben vier Methoden identifiziert, die in der Marketing-Praxis am häufigsten vorkommen:

1. Die finanzorientierte Methode („All-you-can-afford-Methode")
Hierbei orientiert sich der Etat an den finanziellen Mitteln, die ein Unternehmen nicht für andere Aufgaben benötigt.

2. Die Prozentsatz-von-...-Methode („Percentage-of-...-Methode")
Dabei wird der Etat aufgrund eines vereinbarten Prozentsatzes vom Umsatz, vom Gewinn, von den Kosten oder von anderen Kennzahlen festgelegt. Das Problem: Wenn sich das Budget beispielsweise am Umsatz orientiert und dieser rückläufig ist, dann wird der Etat gekürzt, obwohl marketingpolitisch dringend das Gegenteil erforderlich wäre, um der negativen Entwicklung entgegenzuwirken.

3. Die konkurrenzorientierte Methode („Competitive-parity-Methode")
Dieses Vorgehen lässt die eigenen Bedürfnisse zunächst vollkommen außer Acht und orientiert sich vorrangig an den Marketingaufwendungen vergleichbarer Unternehmen auf dem Markt.

4. Die Ziel-und-Aufgaben-Methode („Objectives-and-task-Methode")
Die Ziel-und-Aufgaben-Methode ist ohne Frage die einzig logische Vorgehensweise, um ein Marketing-Budget festzulegen: Die Festlegung des Etats orientiert sich am angestrebten Ziel – die eigenen finanziellen Mittel und die Konkurrenzsituation werden selbstverständlich als Nebenbedingungen berücksichtigt. Allerdings müssen hierzu die Marketingziele natürlich klar definiert und für alle Beteiligten verbindlich festgehalten sein.

Der Erfolg

»Plopp.« Der Korken beschrieb einen weiten Bogen durch Pauls Büro, knallte gegen die Panoramascheibe und landete geräuschvoll irgendwo hinter dem Heizkörper. Das laute Raunen der Anwesenden begleitete das Flugobjekt und ging dann in Gelächter über.

»Plopp.« Noch eine Flasche wurde geöffnet.

Dann füllten Paul und Giovanna die Gläser, die dicht beieinander auf einem silbernen Tablett standen. Der Champagner perlte verheißungsvoll. Paul ließ es sich nicht nehmen, das Tablett selbst vor sich herzutragen und jedem persönlich ein Glas anzubieten. Schließlich war heute ein ganz besonderer Tag – und jeder hier im Raum hatte seinen Teil dazu beigetragen.

»Ich denke, Ihr ahnt bereits, warum wir Euch so früh am Morgen zusammengerufen haben!« Pauls Stimme klang volltönend und gut gelaunt durch das großräumige Büro. Gespanntes Warten spiegelte sich in den Gesichtern seiner Zuhörer wider.

»Ich möchte Euch auch gar nicht so lange auf die Folter spannen«, fuhr Paul breit lächelnd fort, »sondern sofort mit Euch, meinem erfolgreichen Projektteam für die Präsentation, anstoßen. Denn«, er machte eine bedeutungsvolle Pause und wedelte mit einem Blatt Papier in der Luft herum, »denn in diesem Brief steht es schwarz auf weiß: ‚Sehr geehrter Herr Wieland, Ihre Präsentation des 'Energometers' hat uns sehr überzeugt. Hiermit erteilen wir Ihnen vorab den Auftrag, die EuroFit-Studios gemäß der Ausschreibung und eines noch zu gestaltenden Vertrages mit den neuen Geräten auszustatten. Wir freuen uns auf die Zusammenarbeit mit Ihnen und Ihrem kreativen Team! Mit herzlichen Grüßen aus Zürich, Gregory C. Hürliman.'«

Der letzte Satz des Schreibens aus der Schweiz war in tosendem Applaus und Jubel untergegangen. Als einzige Frau im Raum wurde Giovanna praktisch von jedem umarmt, während die Entwickler aus Schröttles Team, Harald Metzler und Paul eifrig Hände schüttelten und sich gegenseitig auf die Schulter klopften.

Giovanna wusste übrigens bereits seit Sonntagabend davon, dass sie den Pitch gewonnen hatten. Einer inneren Eingebung folgend war Paul an jenem Tag noch einmal in sein Büro gegangen, hatte zunächst das Fax auf mögliche Eingänge kontrolliert und dann seinen Rechner hochgefahren. Zwar hatte Hürliman sie nach der Präsentation explizit darauf hingewiesen, dass vor Mitte der nächsten Woche wahrscheinlich keine Entscheidung fallen würde, doch Paul hielt es einfach nicht mehr aus. Und er wurde nicht enttäuscht: Offenbar war den Schweizern die Wahl leichter gefallen, als erwartet, denn Paul konnte sofort erkennen, dass Hürliman seine Mail bereits am Samstag abgeschickt hatte – was wiederum dafür sprach, dass die Entscheidung für die Wieland Fahrradmanufaktur bereits am Freitag verabschiedet worden war.

Während Paul die E-Mail ausdrucken ließ, hatte er zum Hörer gegriffen und Giovannas Nummer gewählt. Ihr Freudenschrei als Antwort auf die gute Nachricht war so laut, dass Paul den Hörer von seinem Ohr nehmen musste. Leider hatte Giovanna an diesem Abend Besuch – ihre Vermieterin war gerade auf ein gemütliches Glas Wein heraufgekommen – so dass sie nicht spontan mit ihm feiern konnte. Paul spürte die heimliche Enttäuschung seiner Marketingassistentin, fand es aber völlig in Ordnung so. Sie verabredeten sich einfach für den folgenden Abend zum Essen – Paul würde sie bekochen.

Danach war der junge Firmenchef langsam über das Werksgelände nach Hause spaziert und hatte sich dabei im Geiste ausgemalt, welche baulichen Veränderungen hier schon bald im Fertigungsbereich erforderlich werden würden. Zu Hause hatte er sich dann ein Glas Rotwein genommen, eine seiner Lieblings-CDs mit Soul-Musik aus der Motown-Zeit eingelegt und seine Gedanken schweifen lassen.

Am nächsten Morgen war es Giovanna, die das Projektteam bereits um halb zehn in Pauls Büro zusammentrommelte, um gemeinsam mit ihm alle Beteiligten über die großartige Nachricht in Kenntnis zu setzen. Zuvor hatten Paul und Giovanna einige Minuten allein miteinander verbracht, in denen Paul seiner Assistentin noch einmal bestätigte, wie groß auch ihr Anteil an diesem Erfolg war. Er verzichtete allerdings darauf, auch private Dinge anzusprechen – dafür würden sie am Abend ausreichend Gelegenheit haben.

Mittlerweile hatte sich das ausgelassene Durcheinander in Pauls Büro gelegt. Nach und nach suchten sich die Teammitglieder um Schröttle und Metzler einen Platz an dem großen Glastisch und richteten ihre Blicke gespannt auf Paul. Alle warteten darauf, dass er und Giovanna endlich von dem Termin in Zürich berichten würden – am Freitag danach war keine Gelegenheit dazu gewesen, da Paul einen wichtigen Lieferantentermin hatte und Giovanna mit dem Protokoll der Präsentation beschäftigt war.

»Also gut.« Paul räusperte sich und nahm einen Platz am Kopfende des Tisches ein. »Giovanna, kommst Du an meine Seite? Dann können wir gemeinsam erzählen.« Dann fing er an, ausführlich die Ereignisse des vergangenen Donnerstages wiederzugeben.

»Als wir bei EuroFit ankamen, hatten wir noch richtig viel Zeit und konnten uns in aller Ruhe vorbereiten. Ausnahmsweise standen wir auf der A 5 nicht im Stau – Ihr alle wisst wahrscheinlich, dass das eine absolute Ausnahme ist. Und da wusste ich schon, dass die Präsentation gut laufen würde.«

Paul wartete das leise Gelächter seiner Mitarbeiter ab und sprach dann weiter. »Auf dem Parkplatz vor dem Hauptgebäude war der proSport-Wagen nicht zu übersehen. Also hatte Hürliman offenbar die gleiche Reihenfolge gewählt wie bei den Ausschreibungsbriefings. Das war für uns natürlich eine wichtige Information, da wir uns an zehn Fingern abzählen konnten, dass die Geschäftsführung von EuroFit nach der ersten Präsentationsrunde höchstwahrscheinlich etwas technikmüde sein würde ...«

Paul grinste frech. »Was dann übrigens auch so war – aber das kommt später.«

»Der Empfang bei den Schweizern fiel ausgesprochen nett aus«, übernahm Giovanna den roten Faden. »Wir hatten sogar den Eindruck, dass man sich speziell auf uns freute! Sie müssen sich einmal vorstellen«, Giovanna blickte mit großen Augen in die Runde, »wir waren kaum ausgestiegen, da stürmten zwei junge Männer mit einem Rollwagen auf den Parkplatz, um uns beim Ausladen und Tragen zu helfen! Das war natürlich sehr angenehm. Dann führte man uns in den ersten Stock in einen kleinen Besprechungsraum, wo wir unsere Unterlagen in aller Ruhe noch einmal prüfen und vor allem den Beamer schon vorbereiten konnten. Denn im technischen Detail liegt ja bekanntlich die Tücke, nicht wahr?«

Schröttle und Harald nickten wissend. »Aber Ihr wart ja dank unseres blendenden Supports ausgezeichnet vorbereitet«, bemerkte Harald dazu.

»Stimmt!« Paul rieb sich die Hände. »Und wie gut! Es war wirklich kein Problem, unseren Prototyp des neuen ‚Energometers' zusammenzumontieren – trotz der Kabel und Messgeräte! Das war ja – ehrlich gesagt – unsere größte Sorge, doch Ihr alle habt wirklich ganze Arbeit geleistet. Nicht zuletzt dafür möchte ich mich heute bei Euch bedanken.«

»Ja, aber noch nicht, erst einmal erzählen wir, oder?«, fiel Giovanna ihm augenzwinkernd ins Wort. Dann fuhr sie fort: »Dass die Vorstellung von proSport pünktlich beendet war, konnten wir irgendwann an dem Stimmengemurmel im Gang erkennen, wobei die Wände im Hause EuroFit leider sehr dick sind. Ich hätte ja zu gerne gehört, wie die Stimmung bei proSport war – und wie die Verabschiedung ausfiel.«

»War aber eigentlich gar nicht nötig«, übernahm Paul wieder. »Die Gesichter der EuroFit-Manager sprachen Bände ...«

»Wieso?«, fragte Schröttle neugierig nach. »Schliefen alle?«

Paul lachte kurz auf. »Nein, nein, ganz so schlimm war es natürlich nicht. Außerdem« – er warf einen kurzen Seitenblick auf Harald – »möchte ich die Leistungen unseres Münchner Mitbewerbers hier nicht schmälern, das wäre sehr unfair. Ich glaube jedoch nur, dass proSport aufgrund der eigenen Unternehmenspolitik gar nicht in der Lage sein konnte, die sehr speziellen Anforderungen der Ausschreibung zu erfüllen. Na ja, und irgendwie war dieses Defizit in den Gesichtern von Hürliman und Co. doch abzulesen, als die Herren uns in den Konferenzraum baten.«

Er nahm einen Schluck aus seinem Champagnerglas und registrierte zufrieden, dass seine Mitarbeiter vor Ungeduld auf ihren Stühlen hin und her rutschten. Schnell berichtete er weiter: »Wir haben dann damit angefangen, die Ausschreibungsparameter noch einmal zu analysieren und in die uns bekannten Informationen über den EuroFit-Konzern einzuordnen. Besonders hervorgehoben haben wir dabei – wie verlangt – den Kundennutzen, haben diesen jedoch sofort in direkten Zusammenhang zur langfristigen Kundenbindung gesetzt, was zum ersten Mal für ein anerkennendes Lächeln in den Gesichtern der EuroFit-Leute sorgte. Damit hatten wir sie dann so weit, dass sie so richtig gespannt auf unseren Prototyp waren ...«

Jetzt erzählte Giovanna weiter: »Das ‚Energometer' haben wir daraufhin gemeinsam vorgeführt: Paul hat sich draufgesetzt und die Funktionen live vorgeführt – und ich habe kommentiert. Übrigens waren die Herren schon von unserem Namen für das Gerät begeistert und bemerkten sofort, welche emotionalen Botschaften so gleichzeitig mittransportiert werden. Deshalb war es taktisch besonders günstig, dass wir an dieser Stelle unserer Präsentation die Zusatznutzen in Form von Kampagnenansätzen vorstellen konnten.«

Giovanna erzählte nun ausführlich von dem spontanen Applaus, den Paul und sie erhielten, als sie das Gesamtkonzept genauer erklärten. Schon die Grundidee, ein Fitnessgerät zu entwickeln, das nicht nur die Kalorien der Sporttreibenden verbrannte, sondern die eingesetzte Bewegung gleichzeitig in nutzbare Energie umwandelte, stieß auf großes Interesse. Als Paul den EuroFit-Managern dann erklärte, dass sich diese erzeugte Energie relativ problemlos in elektrische Energie umwandeln und in das lokale Stromnetz einspeisen ließ, dämmerte den meisten offenbar zum ersten Mal, wie interessant das Produkt aus dem Hause Wieland wirklich war.

»Tja, und so richtig aus dem Häuschen war Hürliman dann, als wir unser Konzept zur Kundenbindung gebracht haben«, fuhr Giovanna begeistert fort. »Sie erinnern sich doch sicherlich an eines der Motive mit der edel gekleideten Geschäftsfrau auf dem ‚Energometer', das Foto, das wir unten in der Halle aufgenommen haben, oder? Darüber hat die Werbeagentur die Formel »Viel Fitness x hohe Energie = wenig Beitrag« gesetzt – und wir mussten gar nicht mehr viel erklären. Denn unser Fazit lag ja nahe: Je mehr jemand bei EuroFit trainiert und dabei Energie produziert, desto geringer fällt der Mitgliedsbeitrag aus!«

»Ja, zumal es ja sonst in der Regel so ist«, schaltete Paul sich wieder ein, »dass man für ein bestens ausgestattetes Studio auch mehr zahlen muss. Auf jeden Fall waren die Herren von dieser Idee schwer beeindruckt. Und als sie dann noch hörten, dass wir uns bereits mit der europaweiten Vermarktung auseinander gesetzt haben, schienen sie rundum glücklich. Gerade unser Hinweis auf die unterschiedlichen national bedingten Interessenlagen stieß auf großes Interesse, wobei Giovanna diesbezüglich natürlich den Vorteil hatte, in puncto Italien aus der Westentasche plaudern zu können.«

»Ja und die Technik? Und das Design? Was haben die bei EuroFit denn überhaupt zu unserem Gerät an sich gesagt?« Harald konnte sich nicht länger gedulden und war aufgesprungen, wobei Schröttle ihm freundlich zunickte.

»Hellauf begeistert, Harald, sie waren hellauf begeistert.« Paul strahlte seinen technischen Leiter an. »Ich weiß ja, dass Du dem ganzen Projekt immer skeptisch gegenüberstandest – aber eines möchte ich Dir hier und jetzt sagen: Ich fand es großartig, dass Du trotzdem zu jeder Zeit mit vollem Arbeitseinsatz dabei warst. Und die ganze technische Umsetzung, das wissen wir hier alle, ist ja weitgehend auf Deinem Mist gewachsen.«

Spontaner Applaus kam auf, was Harald sichtlich freute. Auch Giovanna prostete ihm fröhlich zu. Der technische Leiter bedankte sich ein wenig verlegen, indem er freundlich in die Runde nickte. Dann wollte er es genauer hören: »Und, hat Hürliman auch zur Probe trainiert?«

»Ja klar!« Giovannas Augen funkelten vor Begeisterung. »Es war kaum zu glauben – aber jeder der anwesenden Herren wollte sich unbedingt auf das ‚Energometer' setzen, um zu probieren, wie viel Energie dabei unter dem Strich herauskam.« Sie wandte sich an einen der jungen Entwickler: »Es war übrigens eine richtig gute Idee – und das war doch Ihre, oder? – dafür das Messgerät mit dem übergroßen Digitaldisplay an unseren Prototyp anzuschließen – so konnte jeder seinen Energiegewinn so richtig plakativ ansteigen sehen.«

In der nächsten halben Stunde gaben Paul und Giovanna detailliert Auskunft darüber, wie die an die eigentliche Präsentation anschließende Fragerunde abgelaufen war. Wieder einmal hatte sich dabei herausgestellt, dass das Team aus dem Schwarzwald perfekt vorbereitet war. Ganz gleich, ob es sich um Finanzierungsfragen, Produktionskapazitäten oder voraussichtliche Lieferzeiten handelte – jede Frage wurde zur Zufriedenheit der Zuhörer beantwortet. Besonders positiv fiel in diesem Zusammenhang offenbar ins Gewicht, dass Paul und Giovanna ein ausführliches und übersichtlich aufbereitetes Booklet zusammengestellt hatten, in dem sich die wichtigsten Fakten und Beispielberechnungen wiederfanden.

»Wir waren einfach richtig gut«, fasste Paul abschließend zusammen, »und das haben wir Euch zu verdanken.« Er hob erneut sein Glas. »Und aus diesem Grund möchte ich mich bei jedem der hier Anwesenden mit einer Sondergratifikation von 500 Euro erkenntlich zeigen – ich habe dies bereits in der Buchhaltung in die Wege geleitet.«

Ein anerkennendes Raunen ging durch den Raum – damit hatte offenbar keiner gerechnet.

»Und außerdem«, fuhr Paul unbeirrt fort, »gibt es heute in der Kantine für alle Mitarbeiter ab sechzehn Uhr dreißig Freibier und eine herzhafte Schwarzwälder Vesperplatte. Ich möchte Sie alle darum bitten, doch Ihre Abteilungen darüber zu informieren. Vielen Dank!«

Paul prostete seinen Mitarbeitern zu und ließ es sich nicht nehmen, mit jedem einzeln anzustoßen. Blendend gelaunt verließen diese wenig später sein Büro – mit Ausnahme von Harald Metzler.

»Könnte ich Dich wohl einen Augenblick sprechen?«, bat ihn der technische Leiter. »Giovanna, Du kannst gerne hier bleiben, das stört mich nicht«, fügte er eilig hinzu, als er bemerkte, dass die Marketingassistentin ebenfalls den Raum verlassen wollte.

»Ja, natürlich, worum geht es denn?« Erstaunt blickte Paul seinen langjährigen Mitarbeiter an, der ein ziemlich ernstes Gesicht machte. »Ist etwas passiert?«

»Nein, nein, nicht direkt, keine Sorge.« Harald wirkte trotzdem ein wenig besorgt. »Es ist nur so – ach, ich sag einfach wie es ist: Paul, ich werde die Wieland Fahrradmanufaktur verlassen.«

Man hätte in der nachfolgenden Stille eine Stecknadel fallen hören können. Langsam ließ sich Paul auf einem seiner Stühle nieder und starrte seinen technischen Leiter fassungslos an. Giovanna war noch blasser als sonst geworden und hielt unbewusst den Atem an.

»Was? Du willst weg von hier?« Paul hatte seine Sprache wiedergefunden. »Aber warum das denn? Und mit wem soll ich dann streiten?«

Nun musste Harald doch ein wenig grinsen. In wenigen Sätzen schilderte er daraufhin sein Dilemma, das er seit Monaten empfand, wenn es um die produktpolitische Ausrichtung der Wieland Fahrradmanufaktur ging. Im Übrigen hatte er mit seiner Kritik auch nie hinter dem Berg gehalten.

»Aber wir haben doch Erfolg damit«, wandte Paul ein. »Denk an die Präsentation.«

»Klar, das weiß ich.«, versuchte Harald zu erklären. »Aber darum geht es mir gar nicht. Ich persönlich möchte einfach anders arbeiten, mich mehr auf technische Innovationen konzentrieren und weniger Politik machen müssen – wenn Du verstehst, was ich meine.«

Paul nickte langsam. Streng genommen hatte sich diese Entwicklung ja bereits in den letzten Wochen angedeutet. Dennoch war es für ihn nicht vorstellbar, ohne seinen technischen Leiter auszukommen – allen Differenzen zum Trotz. Vorsichtig fragte er nach: »Und was willst Du dann machen?«

Jetzt wurde Harald sichtlich verlegen. »Du gehst zu proSport, stimmt's?« Giovanna schaltete sich ins Gespräch ein und hatte mit ihrer Vermutung offenbar ins Schwarze getroffen. Paul musste schwer schlucken – ausgerechnet zum größten innerdeutschen Konkurrenten wollte einer seiner besten Mitarbeiter wechseln!

Dennoch verlief der Rest des Gesprächs in freundlicher und konstruktiver Atmosphäre. Man würde sich eben einen neuen Techniker suchen müssen, was zum jetzigen Zeitpunkt, wo ohnehin zahlreiche Veränderungen anstanden, vielleicht gar nicht so schwierig sein würde. Bis zum Jahresende wollte Harald noch bleiben – und dann seinen Wohnsitz gemeinsam mit seiner hochschwangeren Lebensgefährtin nach München verlegen. Paul wurde schlagartig bewusst, dass auf Giovanna und ihn schon bald viele neue Herausforderungen zukommen würden ...

Als er mit seiner Assistentin endlich allein war, gab Paul sich kurzentschlossen einen Ruck. »Giovanna?«

Fragend blickte die zierliche Italienerin ihn an. Er lief ein paar Schritte auf sie zu, wobei ihm zum ersten Mal das merkwürdige Geräusch bewusst wurde, das seine Flipflops bei jeder Bewegung machten. Hilflos zuckte er mit den Schultern und schaute auf seine Füße.

Dann trat er ganz nahe an sie heran und musterte sie forschend.

»Äh – Paul – ich muss Dir etwas sagen ...«, fing Giovanna an. Sie hatte plötzlich das Gefühl, dass dies die letzte Gelegenheit für ihre längst überfällige Beichte war.

Doch Paul legte ihr einen Finger auf den Mund. »Du musst mir nichts sagen, meine Liebe, ich weiß es ohnehin.« Giovanna erstarrte. »Seit wann ...?« Sie konnte ihre Frage nicht zu Ende bringen, so sehr musste sie schlucken.

»Oh, eigentlich von Anfang an.« Vergnügt blinzelte er ihr zu. »Glaubst Du etwa, ich hätte keinen Verdacht geschöpft, als mir über merkwürdige Umwege ausgerechnet eine Angestellte von BodyTop wärmstens ans Herz gelegt wurde? So naiv bin ich wirklich nicht! Mir war von vorneherein klar, dass die Amerikaner auf diesem Weg das Erfolgsgeheimnis der Wieland Fahrradmanufaktur herausfinden wollten.«

Verblüfft starrte Giovanna ihn an. »Und warum hast Du das nicht verhindert?«

Paul lachte. »Wozu? Du weißt doch selbst, dass kein Hexenwerk, sondern solide Arbeit hinter unserem Erfolg steckt, oder?« Er nahm ihr Gesicht in beide Hände und lächelte sie belustigt an. »Außerdem hatte ich keinen Zweifel daran, dass Du schnell die Lust verlieren würdest, Rodman Dinge zu erklären, die er ohnehin nicht nachvollziehen kann!«

Giovanna lachte erleichtert los und schilderte ihm die unerfreulichen Gespräche, die sie mit Rodman führen musste. Dann machte sie deutlich klar, dass sie sich schon vor einiger Zeit von BodyTop losgesagt hatte – und dazu auch nach wie vor stehe.

»Weißt Du, Paul, ich habe irgendwann erkannt, dass erfolgreiches Marketing wirklich anders geht, als Rodman denkt. Die Teilmärkte interessieren ihn nämlich eigentlich nur am Rande – und die regionalen Marketingeinheiten sind für ihn nichts anderes als eine ausgelagerte Vertriebsabteilung. Das kann nicht funktionieren!« Giovanna hatte sich in Fahrt geredet.

»Wow.« Paul trat einen Schritt zurück. »Sehe ich das richtig, dass Du Dich also auch in Zukunft weiterhin für unser kleines Schwarzwälder Unternehmen mitten in der verregneten Provinz einsetzen willst?«

Giovanna nickte schweigend und schaute mit weit aufgerissenen Augen zu ihm auf.

»Gut, sehr gut.« Paul rieb sich nachdenklich an der Nase. Dann kniff er seine Augen zusammen und fuhr mit leiser Stimme fort: »Und könntest Du Dir unter Umständen auch vorstellen, in meinem Leben eine – sagen wir – wichtigere Rolle einzunehmen? Du musst auch garantiert nicht mit mir wandern – versprochen!«

Giovannas Gesichtsfarbe wechselte zwischen Rot und Weiß. Sie wollte etwas sagen, brachte jedoch keinen Ton heraus. Dann stellte sie sich – für Paul völlig unerwartet – auf die Zehenspitzen und gab ihm einen Kuss.

Das Nutzenversprechen war für alle Beteiligten so eindeutig, dass es für die nächste halbe Stunde keiner weiteren Worte bedurfte.

Was ist Marketingplanung?

Marketingplanung ist – wie der Erfolg von Wieland zeigt – ein wirkungsvolles Instrument, um die verschiedenen marketingpolitischen Instrumente, die häufig isoliert voneinander betrachtet werden, zusammenzuführen. Sie umfasst alle Überlegungen über die im Rahmen der Unternehmensziele zu realisierenden Marketingziele und legt die Maßnahmen fest, mit denen diese Ziele erreicht werden sollen.

Mit anderen Worten: Marketingplanung ist ein **systematischer Prozess der Erkenntnis über die gegenwärtige Marktsituation, die Festlegung der künftig erwünschten Zustände und Verhältnisse und der dazu erforderlichen Maßnahmen zur Lösung von Marktproblemen in der Zukunft** und sollte immer im Zusammenhang mit dem Gesamtunternehmen und dessen Zielen gesehen werden.

Marketingplanung lässt sich in nachstehende aufeinander folgende Phasen einteilen:

1. Zielsetzung
2. Planung
3. Realisation
4. Kontrolle

Wichtig ist hierbei auch die strikte Einhaltung der Planungsreihenfolge. Denn gerne setzen Unternehmen am falschen Ende an, wenn beispielsweise faszinierende Ideen auf der Maßnahmenebene dazu führen, dass die Planung von hinten beginnt.

Systematische Marketingplanung ist demnach heute eine unverzichtbare Notwendigkeit für eine zielorientierte Unternehmensführung,

- weil schnell sich ändernde Märkte und Umweltbedingungen permanente Reaktionen auf die neuen Aufgabenstellungen erfordern,
- weil das Ausmaß der Auswirkungen marketingpolitischer Entscheidungen für das gesamte Unternehmen immer bedeutender wird,
- weil immer komplexer werdende Unternehmen eine sachliche Handlungsgrundlage brauchen,
- weil komplizierte Zusammenhänge ein systematisches und aufeinander abgestimmtes Vorgehen aller Unternehmensaktivitäten erfordern,
- weil der Wettbewerb immer globaler und damit unüberschaubarer wird,
- weil sich die sozialen, rechtlichen und wirtschaftlichen Rahmenbedingungen immer schneller verändern,
- weil die Kapitalintensität der Unternehmen immer mehr wächst,
- weil die Anzahl der Innovationen ständig wächst,
- weil die Marketingkosten explosionsartig angestiegen sind und
- weil eine genaue und verbindliche Planung dabei hilft, Fehler und Gefahren frühzeitig zu erkennen und zu vermeiden.

Anhang:

Marketing – eine Kurzzusammenfassung

Inhalt

1 Die marketingpolitischen Instrumente im Überblick

1.1 Produktpolitik

Die Produktpolitik bildet das Herzstück der marketingpolitischen Instrumente, denn Produkte bzw. Leistungen sind die Basis jeder Marketingkonzeption. Sie müssen die Bedürfnisse und Wünsche der Abnehmer befriedigen und - über die Entscheidung des Verbrauchers, ein bestimmtes Produkt zu kaufen - Umsatz und Gewinn erzielen.

Die Produktpolitik kann in die folgenden Bereiche eingeteilt werden:

- Produktpolitik im engeren Sinne
- Programm- und Sortimentspolitik
- Kundendienstpolitik
- Garantieleistungspolitik

Die Hauptaufgaben der Produktpolitik sind:

- Suche nach neuen Produktideen
- Entwicklung neuer Produkte
- Markteinführung neuer Produkte
- Gestaltung von Produkten
- Qualitätsveränderung von Produkten
- Variation und Differenzierung von Produkten
- Elimination von Produkten
- Überwachung am Markt eingeführter Produkte

Produktlebenszyklus

Zur Unterstützung der in der Produktpolitik zu treffenden Entscheidungen bietet das Modell des Produktlebenszyklus eine gute Basis (Bild 1.1). Es stellt den „Lebensweg“ eines Produktes (gemessen in Umsatz, Umsatzveränderungen und Gewinn oder Verlust etc.) zwischen Markteinführung und Ausscheiden aus dem

Markt in charakteristischen Phasen dar und erleichtert damit die Einschätzung von Strategieoptionen. Auf diese Weise lassen sich dann die marketingpolitischen Instrumente effizienter einsetzen.

» PRODUKTLEBENSZYKLUS

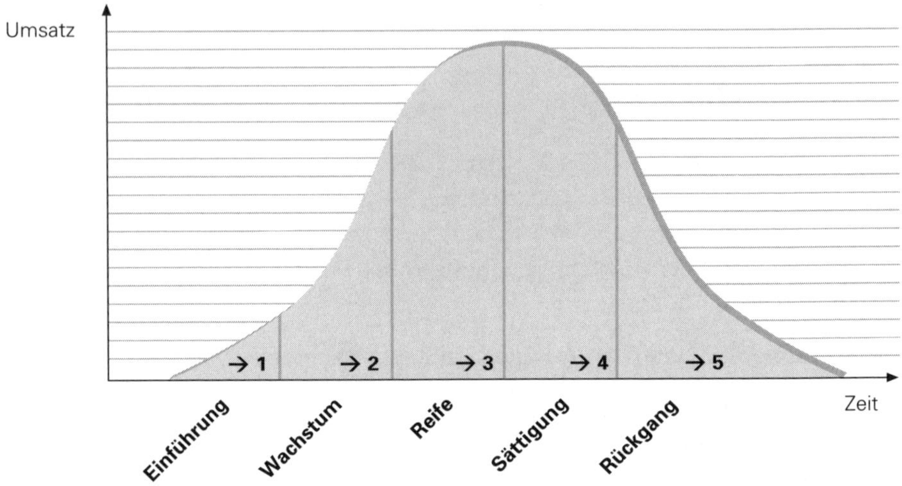

Bild 1.1 Produktlebenszyklus

Je nach Produkttyp sind die Dauer der Phasen und der Verlauf der Umsatz- und Gewinnkurven unterschiedlich. Sie sind abhängig von

- der technischen Komplexität und der damit verbundenen Erklärungsbedürftigkeit der Güter,
- dem Neuigkeitswert der Güter,
- dem Grad der Übereinstimmung mit bestehenden Bedarfsstrukturen und
- dem bestehenden Konkurrenzangebot auf dem Markt.

Produktstrategien

Die grundlegenden Optionen für eine Produktstrategie stellt die Produkt-Markt-Matrix anschaulich dar (Bild 1.2).

Diese Produkt-Markt-Strategien lassen sich in Abhängigkeit von der Produktlebensphase weiter unterscheiden in:

- Innovation (Differenzierung, Diversifikation, Innovation)

Entwicklung und Einführung neuer Produkte bzw. bei einem bereits bestehenden Produktprogramm:

– Differenzierung: Hier werden aus den bisherigen Produkten entwickelte, zusätzliche Produkte zu den schon vorhandenen auf den Markt gebracht.
– Diversifikation: Aufnahme neuer Produkte in das Verkaufsprogramm eines Unternehmens.

» MARKTSTRATEGIEN/PRODUKT-MARKT-MATRIX

Märkte / Produkte	→ gegenwärtig	→ neu
→ gegenwärtig	**Marktdurchdringung** (Marktausweitung und -penetration) • Verkaufsintensivierung • Neukundengewinnung • Konkurrenzverdrängung	**Marktentwicklung** (Marktschaffung) • Unternehmenskauf • Expansion • Franchising • Joint-venture
→ neu	**Produktentwicklung** (Erschließung von Marktlücken) • eigene Entwicklung • Vertragsentwicklung • Lizenzen • Austausch von Produkten	**Diversifikation** (Verlassen von angestammten Märkten) • horizontal (verwandte Märkte) • vertikal (vor-/nachgelagerte Märkte) • lateral (artfremde Märkte)

Bild 1.2 Marktstrategien

- Variation/Modifikation
  Veränderung schon im Programm enthaltener Produkte beispielsweise im Hinblick auf Funktion, physische Eigenschaften, Design etc. Diese Veränderung ist meist auf Details beschränkt. Das ursprüngliche Produkt wird in diesem Fall durch ein verändertes ersetzt.
- Elimination
  Aufgabe von Produkten, Produktvarianten oder Produktgruppen.

Einen Überblick hierzu gibt auch Bild 1.3 „Kennzeichen und Handlungsoptionen im Produktlebenszyklus“.

» KENNZEICHEN UND HANDLUNGSOPTIONEN IM PRODUKTLEBENSZYKLUS

Produktlebensphase	→ Einführungsphase	→ Wachstumsphase
Abnehmertyp	**Innovatoren**	**frühe Adoptoren**
Marktstruktur	**monopolistisch** (bei völlig neuem Produkt)	**oligopolistisch** (bei völlig neuem Produkt)
Marktanteil	**niedrig**	**hoch**
Marktwachstum	**hoch**	**hoch**
Umsatz	**zunächst gering**	**steigend**
Gewinn	**keiner**	**höchste Stückgewinne**
Produktstatus	**Fragezeichen** (Question Mark)	**Stern** (Star)
Allgemeine Stategie	**Marktanteil steigern; im Einzelfall ggf. Marktanteil senken (Flop)**	**Marktanteil weiter steigern**
Produktpolitik	**Innovation**	**Modifikation** (Variation, z. B. Zweitmarken)
Preispolitik	Massenkonsumartikel: befristete **Niedrigpreispolitik** höherwertige Gebrauchsgüter: **Hochpreispolitik**	bei Niedrigpreispolitik: **Anhebung der Preise** bei Hochpreispolitik: **Preissenkungen**
Kommunikationspolitik	**Werbung** für Durchbruch am Markt (wichtigstes Instrument in dieser Phase)	**Werbung weiter wichtiges Instrument** für Durchbruch am Markt
Distributionspolitik	**Ausbau des Distributionsnetzes** und der Produktionskapazität	**weiter Ausbau des Distributionsnetzes** und der Produktionskapazität
Ende der Phase	**bei Überschreiten der Gewinnschwelle**	**bei Wendepunkt der Umsatzfunktion** (falls kein Flop)

Bild 1.3 Kennzeichen und Handlungsoptionen im Produktlebenszyklus (Teil 1)

→ Reifephase	→ Sättigungsphase	→ Rückgangsphase
frühe Mehrheit	**späte Mehrheit**	**Nachzügler**
polypolistisch	**polypolistisch**	**oligopolistisch**
hoch	**sinkt**	**niedrig**
niedrig	**niedrig**	**niedrig**
steigt weiter an bis zum Maximum	**sinkt, Wachstumsrate negativ**	**sinkt stark, Wachstumsrate negativ**
hoch	**nimmt ständig ab**	**wenig bzw. indifferent**
Milchkuh (Cash-cow)	**Armer Hund** (Dog)	**Armer Hund** (Dog)
Marktanteil halten	**Marktanteil möglichst lange halten**	**Rückzug**
Differenzierung (wichtigstes Instrument in dieser Phase)	**Modifikation/Differenzierung/Diversifikation** durch Produktvariationen	**Diversifikation/ Elimination** (Programm systematisch bereinigen)
Preissenkungen, da wachsender Wettbewerb	**Preise halten** (Preisstabilisierung)	**Preise zum Teil sogar anheben** (tendenzielle Hochpreispolitik)
Werbung gezielt einsetzen, um bestehende Präferenzen zu erhalten bzw. neue aufzubauen	**Werbung wenig effektvoll**	**Werbung zunehmend einschränken**
Halten des Distributionsnetzes und der Produktionskapazität	**Distributionsnetz halten, falls Produktvariation, sonst Abbau des Distributionsnetzes** und der Produktionskapazität	**Abbau des Distributionsnetzes** und der Produktionskapazität
bei Sinken der Wachstumsrate auf null	**bei Sinken des Gewinns unter Schwelle**	**bei Einstellung der Produktion**

Bild 1.3 Kennzeichen und Handlungsoptionen im Produktlebenszyklus (Teil 2)

1.1.1 Programm- und Sortimentspolitik

Das Produktprogramm eines Unternehmens lässt sich nach folgenden Methoden gestalten:

- Problemtreue Programmpolitik
  Ein schnell sich verändernder Markt fordert eine ständige Anpassung der Produkte an den technologischen Fortschritt. Im Mittelpunkt dieser Form der Programmpolitik stehen deshalb die Problemstellungen der Kunden und das Bemühen, diese Probleme zu lösen.
- Produkt- oder materialtreue Programmpolitik
  Wenn Unternehmen durch die Produktionsanlagen an bestimmte Materialien oder Rohstoffe gebunden sind, haben sie durch ständige Variation und Verbesserung der Produkte die Möglichkeit, neue Anwendungsgebiete zu schaffen und sich damit neue Kundenkreise zu erschließen.
- Wissenstreue Programmpolitik
  Grundlage sind hier das im Unternehmen vorhandene Wissen und die Erfahrung mit zumeist hochkomplexen Produkten oder Dienstleistungen.

Ähnliche Möglichkeiten der Gestaltung gibt es im Bereich der Sortimentspolitik für Handelsunternehmen:

- Ausrichtung nach Material oder Herkunft der Güter
- Ausrichtung nach Käufergruppen
- Ausrichtung nach der Preislage
- Ausrichtung nach dem Verwendungszweck
- Ausrichtung nach Komplementär- oder Kompensationsgesichtspunkten

1.1.2 Kundendienstpolitik

Hierbei handelt es sich um eine Leistung, die neben der eigentlichen Hauptleistung angeboten wird. Die Kundendienstleistungen lassen sich aufteilen in

- technische Leistungen wie etwa Installation, Inspektion, Wartung, Ersatzteilservice, Reparaturservice oder Schulungen und
- kaufmännische Kundendienstleistungen wie etwa Beratungs- und Informationsdienste, Kunden-Hotlines und Zustelldienste.

1.1.3 Garantieleistungspolitik

Ein weiterer wichtiger Bestandteil der Produktpolitik ist schließlich auch die Zusage eines Unternehmens, für die ordnungsgemäße Funktion der eigenen Produkte einzustehen, dies gilt insbesondere im Bereich der Investitions- und Gebrauchsgüter. Deshalb sind mittlerweile viele Unternehmen dazu übergegangen, die Garantieleistungen über die gesetzlich verankerte Gewährleistungsfrist hinaus zu verlängern. Manche Unternehmen bieten inzwischen sogar eine weitere Verlängerung der Garantie gegen einen geringen Aufpreis an.

1.2 Kontrahierungspolitik

Unter diesem Begriff werden alle monetären Vereinbarungen verstanden, zu denen Transaktionen in der Praxis erfolgen sollen, also:

- Preispolitik
- Rabattpolitik
- Liefer- und Zahlungsbedingungen
- Kreditpolitik

1.2.1 Preispolitik

Sie umfasst alle Entscheidungen eines Unternehmens, die darauf abzielen, Einfluss auf die Preise zu nehmen und diese am Markt durchzusetzen. Lange Zeit wurde der Preis als wichtigstes Marketinginstrument betrachtet – es hat sich jedoch gezeigt, dass Preiskämpfe eher ruinös sind und vor allem kleine Anbieter dabei auf der Strecke bleiben.

Übliche Marktformen in Deutschland

Ein wichtiges Kriterium für die Preisbildung sind die unterschiedlichen Marktformen, also das zahlenmäßige Verhältnis von Anbietern zu Nachfragern im Markt. Die in Deutschland häufigsten Marktformen sind:

- Angebotsmonopol (ein einziger Anbieter)
  Der in dieser Konstellation einzige Anbieter ist grundsätzlich frei, seinen Angebotspreis und seine Angebotsmenge selbst zu bestimmen.

- Angebotsoligopol (relativ wenige Anbieter)
  Der Anbieter muss in diesem Fall viel Rücksicht auf das Verhalten seiner Konkurrenten nehmen. Prinzipiell kann er zwischen drei Verhaltensmöglichkeiten wählen:
  - Wirtschaftliches Wettbewerbsverhalten: Die Anbieter halten ihre Preise möglichst konstant oder nehmen nur minimale Preisänderungen vor und vermeiden es nach Möglichkeit, durch Preiskämpfe Konkurrenten Marktanteile abzutrotzen.
  - Preisabsprachen: Die Anbieter treffen in diesem Fall - vertraglich oder stillschweigend - eine Vereinbarung über Preise und mögliche Preisänderungen.
  - Kampfstrategie: Die Anbieter versuchen hier durch eine aktive Kampfpreispolitik Marktanteile zu gewinnen, um schließlich die schwächsten Konkurrenten aus dem Markt zu drängen (Niedrigpreispolitik).
- Polypol (viele Anbieter, atomistische Konkurrenz)
  In dieser Marktform muss jeder Anbieter versuchen, für sein Angebot Präferenzen zu schaffen und seine Leistungen gegenüber denen der Konkurrenten klar abzuheben. Bei Preiserhöhungen wird er in den meisten Fällen eine gewisse „Treuegrenze“ nicht überschreiten dürfen, um nicht stärkere Einbußen im Absatz hinzunehmen. Zahl, Struktur und Bedeutung der Konkurrenten spielen dabei natürlich eine wesentliche Rolle.

Preisbildung

In der Praxis finden sich hauptsächlich folgende unterschiedliche Formen der Preisbildung:

- Kostenorientierte Preisbildung
  Die Selbstkosten sind - als so genannte *Vollkostenrechnung* - die Grundlage der Preisforderung. Dieses Verfahren ist weit verbreitet und vor allem im Handel, in der Großindustrie, der Bauindustrie und in anderen ähnlichen Branchen sehr beliebt. Problematisch dabei ist jedoch, dass die Preiselastizität der Nachfrage ebenso wenig berücksichtigt wird wie die möglichen Absatzmengen, weshalb dieses Verfahren nicht empfehlenswert ist.
  Besser ist da schon die Preisbildung auf *Teilkostenbasis*. Hier werden die Gesamtkosten in fixe und variable Kostenbestandteile aufgeteilt. Grundgedanke dabei ist, den Verkaufspreis aus den Marktgegebenheiten abzuleiten. Demnach sind folgende Schritte durchzuführen:

1. Festlegung der möglichen Absatzmenge und des Preises auf Grundlage der Marktgegebenheiten
2. Ermittlung der Erlöse
3. Abzug der variablen Kosten
4. Errechnung des Deckungsbeitrags (= fixe Kosten und Gewinn)
5. Vergleich von Deckungsbeitrag und Deckungsbedarf

- Nachfrageorientierte Preisbildung
  Selbstverständlich kann man bei der Preisbildung auf kostenrechnerische Überlegungen nicht verzichten, sie sollte sich allerdings in erster Linie am Markt - und damit an den potentiellen Nachfragern - orientieren. Dabei geht es vor allem um die Berücksichtigung folgender Fragen:
  - Struktur der Nachfrageseite
  - Preisvorstellungen der Nachfrager
  - Preisbereitschaft der Nachfrager
  - Preisklassen der Nachfrager
  - Einfluss von Qualität und Image

  Die besten Entscheidungshilfen lassen sich in vielen Fällen übrigens mit so genannten Preisreaktionstests finden.
- Konkurrenzorientierte Preisbildung
  Darunter versteht man die Ausrichtung der eigenen Preise an den Preisstellungen der Konkurrenten - und zwar weitgehend unabhängig von der unternehmensindividuellen Kosten- oder Nachfragesituation.

Preisstrategien

Generell unterscheidet man drei grundsätzliche Strategien, die je nach Marktsituation, Produktqualität, Produktlebenszyklus etc. differenziert angewandt werden:

- Hochpreispolitik
  Diese Art der Preispolitik findet sich vor allem bei einer Alleinstellung (Marktmonopol) des Produktes oder bei geringer oder keiner Preiselastizität der Nachfrage.
- Niedrigpreispolitik
  Der geforderte Preis liegt unter dem Preis vergleichbarer Produkte oder zumindest erscheint es so in der Wahrnehmung des Käufers.
- Marktpreispolitik
  Der Preis orientiert sich in diesem Fall an der Konkurrenz und an dem, was auf dem Markt für ein ähnliches Produkt üblich ist.

1.2.2 Rabattpolitik

Rabatte stellen Preisnachlässe dar, die für bestimmte Leistungen des Abnehmers gewährt werden und die mit dem Produkt in einem Zusammenhang stehen. Sie sind ein wirksames Mittel der *preispolitischen Feinsteuerung*, das zwischen Hersteller und Handel besonders wirkungsvoll sein kann. Je nach Zielsetzung wird unterschieden in:

- Funktionsrabatte
  Diese werden dem Groß- und Einzelhandel zur Wahrnehmung oder als Vergütung für die von ihm übernommenen Funktionen gewährt.
- Mengenrabatte
  Sie werden bei Abnahme großer Mengen in Form von Bar-Rabatten (Preisnachlass) oder Naturalrabatten (unentgeltliche Warenabgaben) gewährt, denn dadurch entstehen Kosten- und Dispositionsvorteile, die eine Ausweitung des Absatzes ermöglichen.
- Zeitrabatte
  Sie können zur Verkürzung der Einführungsphase eines Produktes als Einführungsrabatte gewährt werden oder jahreszeitliche Absatzschwankungen in Form von Vordispositionsrabatten ausgleichen. Auslaufrabatte bieten darüber hinaus die Möglichkeit, die schnelle Räumung der Lager von veralteten Produkten zu forcieren.

1.2.3 Liefer- und Zahlungsbedingungen

Sie regeln die Modalitäten der Übergabe und des Gefahren- und Eigentumsübergangs der Produkte vom Lieferanten zum Kunden sowie die Art und Weise, in der der Käufer den vereinbarten Kaufpreis entrichtet. In der Praxis werden die Liefer- und Zahlungsbedingungen meist als Konditionen bezeichnet.

Bei den *Lieferbedingungen* können folgende Punkte modifiziert werden:

- Lieferfrist
- Lieferzeit
- Lieferart
- Umtausch- und Rücktrittsmöglichkeiten
- Berechnung der Liefer-, Verpackungs- und Versicherungskosten

Auch bei den *Zahlungsbedingungen* gibt es verschiedene Gestaltungsmöglichkeiten. So kann etwa

- Vorauszahlung,
- Barzahlung,
- Ratenzahlung oder
- die Zahlung nach Erhalt der Ware

vereinbart werden.

1.2.4 Kreditpolitik

Über die Kreditpolitik können Anbieter Einfluss auf die Nachfrager nehmen, um diese entweder überhaupt oder früher als beabsichtigt zum Kauf zu bewegen. Im Prinzip verbirgt sich dahinter eine Stärkung der Kaufkraft der Nachfrager, etwa in Form eines Lieferantenkredits oder eines Leasingangebots.

1.3 Distributionspolitik

Unter Distributionspolitik versteht man alle Entscheidungen, die im Zusammenhang mit dem Weg eines Produktes oder einer Leistung vom Produzenten zum Endverbraucher gefällt werden müssen. Dabei ist sicherzustellen, dass die angebotenen Produkte oder Leistungen zur richtigen Zeit, im richtigen Zustand und in der erforderlichen Menge dem Abnehmer zur Verfügung stehen.

Somit ergeben sich zwei Hauptaufgaben für die Distributionspolitik:

- Auf welchen Wegen sollen die Produkte vom Hersteller zum Abnehmer gelangen? *(Absatzwege)*
- Wie sollen der Lieferservice, der Transport und die Lagerhaltung aussehen? *(Logistik)*

1.3.1 Absatzwege

Prinzipiell gibt es die Möglichkeit, die eigenen Produkte direkt (über Vertreter, eigene Verkaufsveranstaltungen oder Kommissionäre) oder indirekt (über den Groß- und Einzelhandel) zum Kunden zu bringen.

Für die endgültige Auswahl der geeigneten Absatzwege spielen insbesondere folgende Kriterien eine Rolle:

- Individuelle Besonderheiten des Produkts
  Wie Größe, Gewicht, Lebensdauer, Verderblichkeit, Erklärungsbedürftigkeit, Preis, Kundendienstbedürftigkeit, Bekanntheitsgrad etc.
- Umfang und Art des Verkaufsprogramms
  Sie entscheiden über Einsatz des Großhandels oder Einrichtung eigener Verkaufsstellen oder Niederlassungen.
- Konkurrenzsituation
  Aus der Wettbewerbssituation kann unter Umständen resultieren, dass neben eingeführten Absatzwegen, die weiter benutzt werden, auch neue Absatzwege gesucht werden müssen.
- Anzahl und Struktur der Abnehmer
  Eine große Zahl von Nachfragern mit unterschiedlichem Einkaufsrhythmus und einem geringen Einkaufswert pro Kauf sprechen für den indirekten Absatz, eine geringe Zahl von Nachfragern mit einem hohen Einkaufswert pro Kauf und großer Einkaufshäufigkeit hingegen dagegen eher für den Direktabsatz.
- Individuelle Kosten- bzw. Erlössituation
  Sie ergibt sich je nach Produkt und Markt, wenn man die Kosten für einen direkten und indirekten Absatz miteinander vergleicht.

1.3.2 Physische Distribution (Logistik)

Die Logistik umfasst alle Tätigkeiten, die Transport- und Lagervorgänge zur Auslieferung der Fertigprodukte eines Unternehmens an ihre Kunden gestalten, steuern und überwachen.

Die zentrale Aufgabe der Logistik für das Marketing besteht darin, die Produkte auf dem Markt im richtigen Zustand, zur richtigen Zeit und am richtigen Ort anzubieten. Dabei müssen Grundsatzentscheidungen getroffen werden zu Fragestellungen wie:

- Eigen- oder Fremdlager?
  Ein Zentrallager oder mehrere Außenlager? Wie viele Lager insgesamt und mit welcher Ausstattung?
- Eigen- oder Fremdtransport?

Welche Transportmittel? Verpackung der Produkte?

- Handelsvertreter oder Reisende?
  Selbstständige Unternehmer, die eventuell für mehrere Firmen tätig sind oder festangestellte Vertreter, die ausschließlich das eigene Unternehmen betreuen?
- Mindestauftragsgröße?
  Ab welcher Menge wird ein Auftrag ausgeführt? Wie wird mit Aufträgen geringerer Größe verfahren?

1.4 Kommunikationspolitik

Unter diesem Begriff versteht man alle auf den Absatzmarkt gerichteten Informationen eines Unternehmens, also die Bereiche

- Werbung
- Verkaufsförderung
- Öffentlichkeitsarbeit
- Persönlicher Verkauf
- Sponsoring
- Product-Placement

Im Gegensatz zu den anderen marketingpolitischen Instrumenten können durch die Kommunikationspolitik die Produkte und Leistungen weder substantiell noch funktionell verändert werden. Sie beschränkt sich vielmehr darauf, die Einstellung der Abnehmer und deren Vorstellung vom Angebot des Anbieters zu beeinflussen.

Bild 1.4 zeigt eine vereinfachte Darstellung des Marketingkommunikationsprozesses.

Die so genannte Kommunikationsformel von Lasswell bringt den Marketingkommunikationsprozess auf einen einfachen Nenner:

Wer	(Unternehmen, Kommunikator)
sagt *was*	(Botschaft)
über *welchen Kanal*	(Werbeträger, Verkäufer)
zu *wem*	(Zielperson, Zielgruppe)
mit *welcher Wirkung?*	(Kommunikationserfolg, Käufer, Image, Einstellung)

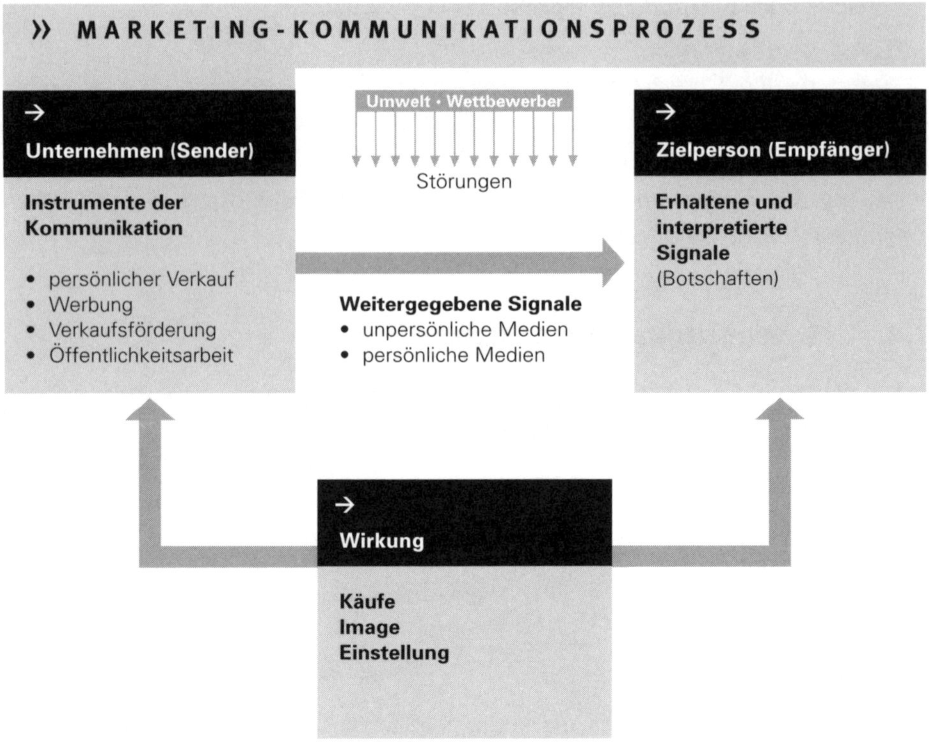

Bild 1.4 Marketing-Kommunikationsprozess

1.4.1 Werbung

Werbung will durch absichtlichen und zwangfreien Einsatz spezieller Kommunikationsmittel die Zielpersonen zu einem Verhalten veranlassen, das zur Erfüllung der Marketingziele des Unternehmens beiträgt.

Sie stellt eine spezielle Form der Kommunikation dar, deren Aufgabe es ist, eine Werbebotschaft einem Empfänger zu übermitteln, um ihn im Sinne des Werbenden zu beeinflussen.

Ziele der Werbung

Neben wissenschaftlich schwer messbaren ökonomischen Werbezielen wie Umsatz und Gewinn stehen messbare, außerökonomische Ziele bei der Werbung im Vordergrund, zum Beispiel:

- Aufmerksamkeit
- Interesse
- Bekanntheitsgrad
- Informationsstand über das Produkt
- Imageverbesserung
- Schaffung von Präferenzen
- Schaffung eines USP (eines Alleinstellungsmerkmals)

Das führt zur Formulierung kommunikativer Werbeziele, bei denen unterstellt wird, dass Zielpersonen eine bestimmte „Stufenleiter" durchlaufen, die schließlich in der Kaufentscheidung mündet.

Bekanntestes und ältestes Stufen-Modell der Werbewirkung ist die AIDA-Regel nach Lewis:

Stufe 1	Aufmerksamkeit	Attention
Stufe 2	Interesse	Interest
Stufe 3	Wunsch	Desire
Stufe 4	Handlung	Action

Werbeplanung

Unter Werbeplanung wird die Festlegung künftigen Verhaltens im Bereich der Werbung verstanden. Die Reihenfolge der Planungsschritte im Detail ist:

- Bestimmung der Zielgruppe
- Festlegung der Werbebotschaft
  beziehungsweise Inhalt und Form der Botschaft – hier geht es grundsätzlich darum, ein Thema auszuwählen, das Aufmerksamkeit und Interesse für das Produkt steigert
- Bestimmung der Werbeträger
  also der (Streu-)Medien, durch die geworben werden soll, wie zum Beispiel Zeitungen und Zeitschriften, Direktwerbung, Fernsehen etc.

- Bestimmung der Werbemittel
  das heißt der Instrumente, mit denen geworben werden soll, wie zum Beispiel Anzeigen, Fernsehspots, Prospekte, Plakate etc.
- Bestimmung des Werbezeitraums
- Bestimmung des Werbegebiets
- Verteilung des Werbeetats

1.4.2 Verkaufsförderung

Die Verkaufsförderung dient der Unterstützung, Information und Motivation aller am Absatzprozess beteiligten Organe (Außendienst, Groß- und Einzelhandel), um den Verkauf zu fördern. Konkret lassen sich drei Gruppen von Maßnahmen ausmachen:

- Verkaufspromotions (Schulungs- und Motivationsmaßnahmen für den Innen- und Außendienst eines Unternehmens)
- Händlerpromotions (Training und Unterstützung für den Handel in Form von Informationen, Tagungen, Werbematerialien, Sonderaktionen etc.)
- Verbraucherpromotions (Zugaben, Preisausschreiben oder Produktproben)

Bei der markt- und absatzbezogenen Information der Verbraucher im Sinne des Anbieters gewinnt die Verkaufsförderung zunehmend an Bedeutung.

In diesem Zusammenhang als besonders wirkungsvoll hat sich das so genannte „Push-and-pull-System" gezeigt: Händlerpromotions als Push-Maßnahme sorgen dafür, dass die Ware in die Regale der Händler gelangt (in den Handel hineinverkaufen), Verbraucherpromotions und Werbung als Pull-Maßnahmen hingegen ziehen den Käufer zu den Produkten.

1.4.3 Öffentlichkeitsarbeit

Die Hauptaufgabe der Öffentlichkeitsarbeit (auch PR = Public Relations) besteht im bewussten und geplanten Bemühen, gegenseitiges Verständnis und Vertrauen in der Öffentlichkeit aufzubauen und zu pflegen, mit dem Ziel, den Bekanntheitsgrad eines Unternehmens zu erhöhen und langfristig ein gutes Image aufzubauen. Wichtig ist hierbei vor allem die Abstimmung mit den übrigen marketingpolitischen Instrumenten, um ein möglichst einheitliches Bild eines Unternehmens zu kommunizieren. Zentrales Leitbild der Öffentlichkeitsarbeit ist die „Wahrheit, Klarheit und Einheit von Wort und Tat" (Oeckl).

Die Öffentlichkeitsarbeit ist wie die Werbung eines der zentralen Kommunikationsinstrumente, und tatsächlich haben beide Maßnahmen einiges gemeinsam. Allerdings ist eine organisatorische Zusammenlegung von Werbung und Öffentlichkeitsarbeit in den Unternehmen nicht zu empfehlen, da beide Maßnahmen eine unterschiedliche Zielsetzung haben. Denn bei der Werbung geht es vorrangig um die Absatzvorbereitung durch

- Bekanntmachung eines Produktes
- Information über das Produkt
- Stärkung des Vertrauens in das Produkt
- Unterstützung der Absatzchancen

Die Öffentlichkeitsarbeit hingegen dient dem Aufbau und der Pflege von Verständnis und Vertrauen in der Öffentlichkeit durch

- Schaffung, Pflege und Erhöhung der Bekanntheit eines Unternehmens oder eines Produktes sowie
- Aufbau und Pflege des Images.

Die Weiterentwicklung des Gedankens, ein positives Image in der Öffentlichkeit zu schaffen, mündet im Konzept der „Corporate Identity". Ziel ist es hier, für ein Unternehmen durch die einheitliche Gestaltung aller kommunikativer Maßnahmen eine positive „Soll-Identität" zu schaffen.

Als wichtigste Maßnahmen der Öffentlichkeitsarbeit sind zu nennen:

- Informationen für Journalisten
- Pressekonferenzen
- PR-Anzeigen
- PR-Veranstaltungen, zum Beispiel Tag der offenen Tür, Jubiläumsfeiern, Filmvorführungen etc.
- PR-Zeitschriften, zum Beispiel Werkszeitschriften, Kundenzeitschriften etc.
- Stiftungen, zum Beispiel für Forschung, Wissenschaft, Kunst und Sport
- Redaktionelle Beiträge, zum Beispiel in Fachzeitschriften etc.

1.4.4 Persönlicher Verkauf

Zwischenmenschlicher Prozess, bei dem Marktpartner, insbesondere Käufer, über ein Angebot informiert, von der Qualität überzeugt und im Hinblick auf Verwendung und Auswahl beraten werden, um zu einem Kauf veranlasst zu werden.

1.4.5 Sponsoring

Sponsoring beruht auf dem Prinzip von Leistung und Gegenleistung. Der Sponsor stellt dem Gesponserten Geld und/oder Sachmittel zur Verfügung und erhält dafür eine Gegenleistung, die zur Erreichung der Marketingziele beitragen soll.

Sponsoring ist in allen Bereichen der Kommunikationspolitik möglich, so zum Beispiel im Bereich der Werbung durch Aufschriften auf der Bekleidung oder Testimonialwerbung, im Bereich Verkaufsförderung in Form von Messen oder Vorträgen, im Bereich Public Relations durch Veranstaltungen mit gesponserten Personen etc. oder im persönlichen Verkauf mit der gesponserten Person als Repräsentanten.

1.4.6 Product-Placement

Hier werden bestimmte Produkte in Fernsehsendungen oder anderen Medien dargestellt, ohne dass dabei auf die Werbeintention hingewiesen wird. Dadurch soll nicht nur die Bekanntmachung eines Produktes erreicht werden, sondern vor allem die Identifizierung mit den Akteuren und den von ihnen benutzten Produkten – und letztlich natürlich die Imitation der Akteure durch die Zuschauer.

2 Der Marketingplan

Der Marketingplan stellt den gesamten Planungsprozess von der Information über Zielsetzung, Planung und Realisierung bis hin zur Kontrolle schriftlich und verbindlich zusammen. Er sollte folgende Elemente enthalten:

1. Zusammenfassung der wichtigsten Ergebnisse (Kurzfassung)

2. Situationsanalyse

- Gegenwärtige Situation des Unternehmens
  - finanzielle Situation (Umsatz, Absatz, Kosten, Deckungsbeitrag)
  - Marktstellung des Unternehmens (Marktvolumen, Marktanteil, Marktpotenzial, Wettbewerbssituation)
  - Unternehmenszustand allgemein (Stärken/Schwächen, Organisationsstruktur, personelle Voraussetzungen)
- Die Entwicklung der relevanten Umwelt
  - gesamtwirtschaftliche, technologische, juristische, ökologische, politische und gesellschaftliche Entwicklung
  - Absatzmärkte (Marktwachstum, Preisentwicklung, Wettbewerber, Branchentrend, Abnehmer)
  - Beschaffungsmärkte (Lieferanten)
- Die voraussichtliche Entwicklung des Unternehmens (Umsätze, Kapazitäten, Kosten, Gewinne)

3. Marketingziele

Dieser Abschnitt legt fest, welche Ziele dem Marketing zugrunde gelegt werden:

Ausgehend von den Unternehmenszielen sind sukzessive die Ziele für die übrigen Bereiche, Abteilungen und Mitarbeiter so exakt wie möglich festzulegen. Denn nur mit präzise formulierten Zielen können die Wirksamkeit und Effizienz der in Betracht gezogenen Strategien und Maßnahmen beurteilt werden. Die folgende Abbildung veranschaulicht in etwa das Vorgehen zur Festlegung von Zielen im Marketing entsprechend der in Bild 2.1 gezeigten hierarchischen Regeln.

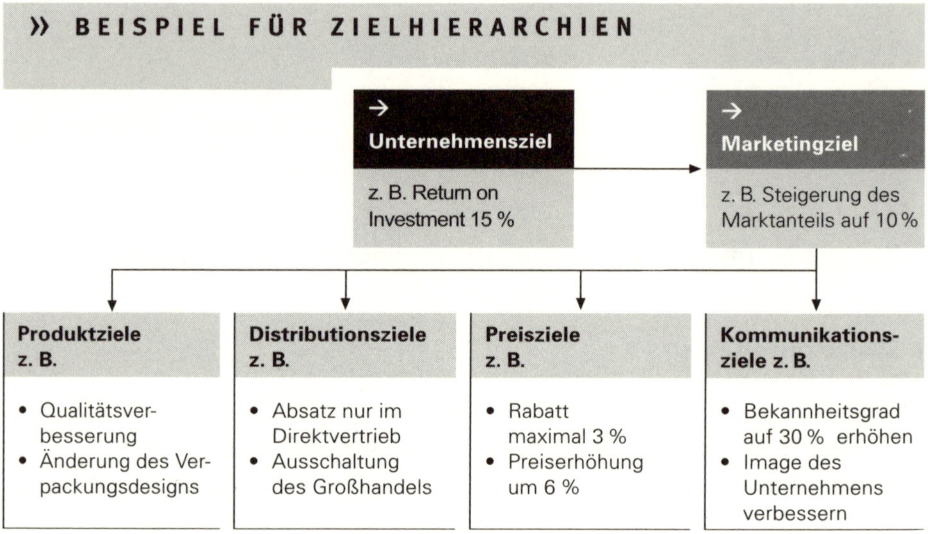

Bild 2.1 Beispiel für Zielhierarchien

4. Marketingstrategie

An dieser Stelle des Marketingplans wird genau festgelegt, welche Strategie zur Zielerreichung eingesetzt werden sollen.

Um die dafür erforderlichen Erkenntnisse gewinnen zu können, bedient man sich insbesondere folgender Instrumente in der Reihenfolge der Aufzählung:

Analyse des Produktlebenszyklus

Hierin wird untersucht, in welchem Lebenszyklus sich die einzelnen Produkte des Unternehmens jeweils befinden. So lässt sich feststellen, ob eventuell neue Produkte entwickelt werden müssen, um den Umsatz zu halten, ob die Lebenszyklen bestehender Produkte durch entsprechende Maßnahmen verlängert werden müssen, ob ein Relaunch ansteht oder ob strategische Lücken geschlossen werden müssen (siehe auch Bilder 1.1 und 1.3).

Gap-Analyse (Lücken-Analyse)

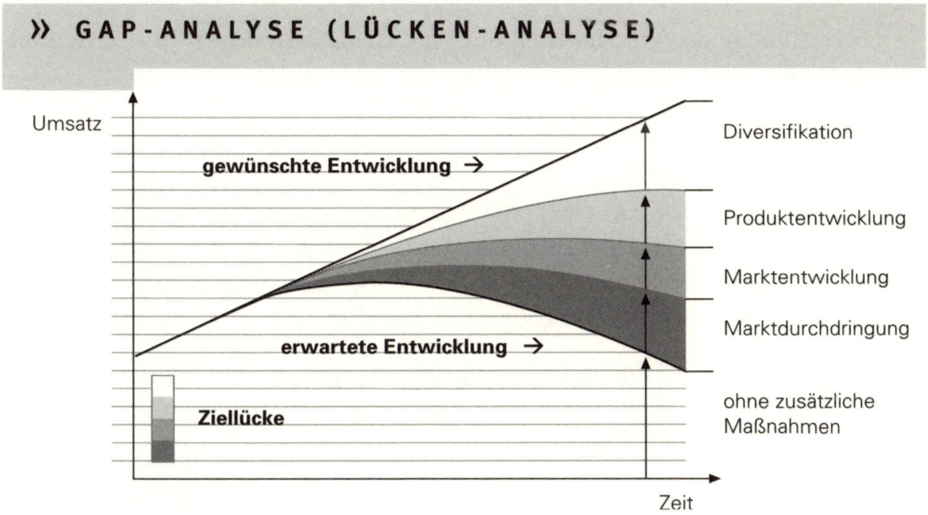

Bild 2.2 Gap-Analyse

Sie zeigt, wie sich der Umsatz eines Unternehmens aufgrund der gegenwärtigen Situation in der Zukunft voraussichtlich einstellen wird. Man erkennt daraus, wie weit Soll- und Ist-Zustand auseinander liegen. Daraufhin kann nunmehr überlegt werden, ob und wie die erkannte Lücke geschlossen werden kann. Dazu kann die folgende Produkt-Markt-Analyse nach Ansoff zu Rate gezogen werden:

Produkt-Markt-Analyse

Sie zeigt die strategischen Handlungsalternativen auf: Mit der Strategie der Marktdurchdringung soll auf dem gegenwärtigen Markt mit gegenwärtigen Produkten die Lücke geschlossen werden. Will man mit gegenwärtigen Produkten neue Märkte erschließen, ist „Marktentwicklung" die Strategie usw. (siehe auch Bild 1.2).

Die Frage, die sich nunmehr stellt, ist, ob eine oder mehrere Strategien angewendet werden sollen und in welcher Reihenfolge der Anwendung sich welche Vorteile ergeben können. Ohne auf die ausführliche Diskussion dieser Frage einzugehen, lässt sich sagen, dass das Leistungspotenzial des Unternehmens dabei den Ausschlag geben sollte. In der Regel bietet sich in sehr vielen Fällen diese Reihenfolge an:

- Marktdurchdringung
- Marktentwicklung

- Produktentwicklung
- Diversifikation

Zur Unterstützung der Entscheidung über die Planungsstrategien ist daneben die Portfolio-Analyse heranzuziehen.

Portfolio-Analyse

Sie wird beispielsweise in einer Marktattraktivitäts-Wettbewerbs-Matrix (9-Felder-Matrix nach McKinsey & Co. und General Electric zur Lösung komplexer Probleme) oder mit Hilfe der Marktanteils-Marktwachstums-Matrix (4-Felder-Matrix nach Boston Consulting Group) durchgeführt.

Die 9-Felder-Portfolio-Matrix kann die gegenwärtige und künftige Standortlage (Stellung) der einzelnen strategischen Geschäftseinheiten zueinander aufzeigen und auf ihre relative Bedeutung hinweisen.

» 9-FELDER-PORTFOLIO-MATRIX

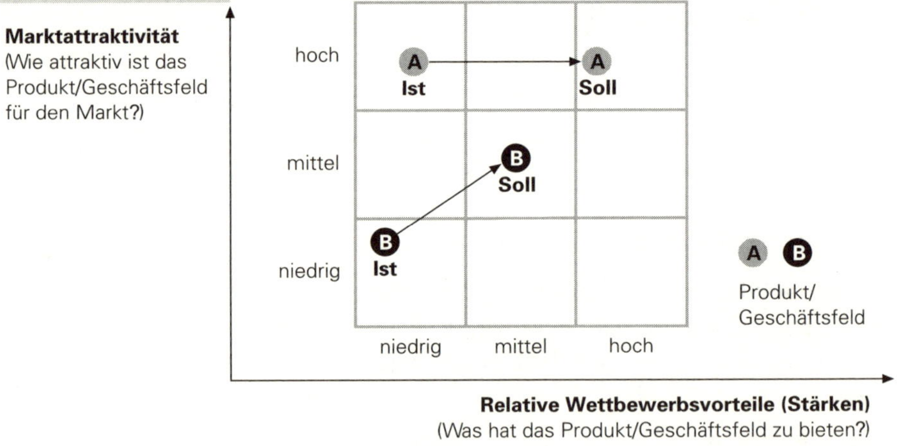

Bild 2.3 9-Felder-Portfolio-Matrix

Bei den oben genannten Instrumenten handelt es sich um beispielhaft ausgewählte Denkschemata, die als Entscheidungshilfe bei der Entwicklung von Strategien eingesetzt werden. Sie dienen hauptsächlich dazu, die Informationsflut auf das Wesentliche zu reduzieren und die Ergebnisse zu visualisieren.

5. Marketingmaßnahmen

In diesem Abschnitt wird dezidiert festgehalten, welche konkreten operativen Maßnahmen zur Zielerreichung eingesetzt werden sollen, und zwar in den Feldern:

- Produktpolitik
- Kontrahierungspolitik
- Distributionspolitik
- Kommunikationspolitik

6. Aufstellung der Kosten

für alle mit der Realisierung verbundenen Teilbereiche:

- Marketingmaßnahmen
  Marketing- und Verkaufsleitung, Verkaufsplanung und -kontrolle, Verkaufsanalyse etc.
- Auftragserzielung
  Werbung, Verkaufsförderung, Außendienst etc.
- Auftragsbearbeitung und -ausführung
  Fakturierung, Versand, Verpackung, Lieferung, Zahlungsabwicklung etc.

7. Kontrolle

der Marketingmaßnahmen zur systematischen und objektiven Beurteilung des Marketings und zwar unterteilt in:

- Kontrolle der Marketingaktivitäten
  Überprüfung, inwieweit die Marketingziele und -pläne erreicht wurden.
- Marketing-Revision (Marketing-Audit)
  Check der gesamten Marketingaktivitäten wie Marketingziele, Marketingpläne und ihre Realisierung, Marketingorganisation.

Literatur

Becker, Jochen: Marketing-Konzeption, Vahlen Verlag, München 2001

Bruhn, Manfred: Marketing. Grundlagen für Studium und Praxis, Dr. Th. Gabler Verlag, Wiesbaden 2001

Harms, Volker: Kundendienst. Serviceleistungen für Kunden und Produkte, Hanser Verlag, München 2002

Holland, Heinrich: Dialogmarketing. Planung, Medien und Zielgruppen, Hanser Verlag, München 2002

Kotler, Philip: Marketing. Märkte schaffen, erobern, beherrschen, Econ Verlag, München 2000

Kotler, Philip; Bliemel, Friedhelm: Marketing-Management, Schäffer-Poeschel Verlag, Stuttgart 2000

Meffert, Heribert: Marketing, Dr. Th. Gabler Verlag, Wiesbaden 2000

Meffert, Heribert; Bruhn, Manfred: Dienstleistungsmarketing. Grundlagen, Konzepte, Methoden, Dr. Th. Gabler Verlag, Wiesbaden 2000

Meister, Ulla; Meister, Holger: Kundenzufriedenheit messen und managen. Kundenwünsche punktgenau umsetzen, Hanser Verlag, München 2002

Nieschlag, Robert; Dichtl, Erwin; Hörschgen, Hans: Marketing, Duncker & Humblot, Berlin 1985

Pepels, Werner: Handbuch Vertrieb. Konzepte – Instrumente – Erfahrungen, Hanser Verlag, München 2002

Pepels, Werner: Grundlagen Vertrieb, Hanser Verlag, München 2002

Weis, Christian: Marketing, in: Kompendium der praktischen Betriebswirtschaft (Hrsg. Klaus Olfert), Friedrich Kiehl Verlag, Ludwigshafen 2001

Die Autorin

Doris Keller

Jahrgang 1963, ist Unternehmerin, Referentin, Beraterin und Inhaberin von DEKADO, einer Agentur für marketingorientierte Kommunikation und Gestaltung in Heidelberg. Die seit 1985 in der Werbung tätige Marketing-Fachkauffrau richtete ihre Werbeagentur von Anfang an streng an den Grundsätzen des Marketing aus. Mit ihrem Team berät und betreut sie zahlreiche mittelständische Unternehmen, Verbände und Institutionen.

Als Unternehmerin vereint sie wie wenige andere fundierte, wissenschaftliche Theorie mit fast 20-jähriger praktischer Erfahrung.

Als Referentin gibt sie in ihren persönlichen Seminaren jenes konzentrierte Marketing-Wissen weiter, das als unabdingbare Basis für kompetente und wirksame Führungskräfte dient.

Als Beraterin vieler mittelständischer Unternehmen überzeugt Doris Keller mit praxisnaher Hilfe zur Selbsthilfe und ihrer oft auch kritischen Haltung gegenüber 08/15-Strategien in Marketing und Werbung.

E-Mail-Kontakt: dk@dekado.de